O PODER SAGRADO DOS ORIXÁS NO BRASIL

Dados Internacionais de Catalogação na Publicação (CIP)
(Câmara Brasileira do Livro, SP, Brasil)

CIP-BRASIL. CATALOGAÇÃO NA PUBLICAÇÃO
SINDICATO NACIONAL DOS EDITORES DE LIVROS, RJ

N215p

Nassar, Luciano Ubirajara
O poder sagrados dos orixás no Brasil / Luciano Ubirajara Nassar. - 1. ed. - São Paulo : Ícone, 2024.
168 p. ; 23 cm.

Inclui índice
ISBN 978-65-86179-37-8

1. Orixás - Brasil. 2. Umbanda. 3. Candomblé. I. Título.

24-91767 CDD: 299.670981
CDU: 259.4(81)

Meri Gleice Rodrigues de Souza - Bibliotecária - CRB-7/6439

13/05/2024 16/05/2024

Índices para catálogo sistemático:

Luciano Ubirajara Nassar

O PODER SAGRADO DOS ORIXÁS NO BRASIL

Ícone editora

Capa

3K

Diagramação
Patricia Gomiero

Revisão

Tânia Lins

ÍCONE EDITORA
Rua Javaés, 589 – Bom Retiro
CEP: 01130-010 – São Paulo/SP
Fone/Fax: (11) 3392-7771
www.iconeeditora.com.br
iconevendas@iconeeditora.com.br

PREFÁCIO

Pensar, comentar, dialogar e familiarizar-se com as entidades e todas as suas hierarquias de comando, ordem e evolução são necessidades humanas na eterna busca pela verdade absoluta. A fé e a cultura são adquiridas como instrumentos de crescimento, conhecimento e evolução quando são permeadas e tocadas pela umbanda, pelo candomblé, pela quimbanda e pelas religiões adjacentes.

O princípio da sabedoria é a cultura no seu grau mais alto de liberdade; e a execução da bondade e a intelectualização, no seu grau mais democrático.

O sentido da dignidade e a verdade do nascimento do amor estão intimamente ligados ao sentimento das entidades divinas (orixás).

Vivenciar e conhecer os orixás afro-brasileiros são formas de abrir as portas da sabedoria e descobrir quem você realmente é ou deseja ser. É autoconhecimento, ego controlado, reflexão embasada na solidariedade e, principalmente, conectar-se com o plano superior espiritual sem deixar de ser um ser humano dentro do seu contexto e da sua realidade.

Os orixás nos apontam um caminho, uma meta e uma trajetória para que possamos nos redimir dos pecados e produzir um ser humano mais piedoso, bondoso, altruísta e principalmente caridoso. Eu afirmaria categoricamente que o espiritismo afro-brasileiro (umbanda e candomblé) tem como prioridade central, cabal e definitiva melhorar e aprimorar a conduta e o caráter do ser humano, sem doutriná-lo ou alijá-lo do convívio e das diversas realidades que compõem nosso cotidiano terrestre. Os orixás (deuses) representam símbolos sagrados que interferem espiritualmente e concretamente na nossa vida de todas as formas e maneiras.

Os orixás são referências de vida, de honra, lealdade e simplicidade. Cultos e com uma linguagem esclarecedora e libertadora, são os principais seres divinos que nos apoiam e ensinam com uma pedagogia de construção, reconstrução e perdão.

Indiscutivelmente, a umbanda é a religião com maior sentimento popular e brasileiro. Ela é a religião do Brasil, e o candomblé é a sua irmã. Próximos, entrelaçados, complexos, com extremo magnetismo e que trabalham juntos para a difusão do respeito, da tolerância, do fortalecimento individual, do amor e da comunhão.

As religiões afro-brasileiras são as que mais respeitam o ser humano com todos os seus defeitos, suas faltas e seus pecados. Uma religião carinhosa, tolerante e compreensiva, que não julga, apedreja ou condena. Ela faz o ser humano acordar e procurar a sua verdade e a verdade da honestidade em toda a sua gama de opções e variedades. É uma religião anos-luz à frente das outras.

É uma religião que não se esconde em um ser divino distante, longínquo e catequizador, muito pelo contrário; ela participa ativamente das dores, alegrias, glórias e tragédias dos seres, ajudando de um modo total, abrangente e globalizante, mas no silêncio e na discrição. Uma religião que combate os preconceitos, as discriminações e os racismos da cruel sociedade em que vivemos com fibra, fé, inteligência e amor. Ela é independente e livre para cumprir a missão de Deus na Terra.

As diversas umbandas e os candomblés unem símbolos, deuses, arquétipos com realidades evolucionistas, santos da igreja, um panteão sagrado de orixás da África e inúmeros espíritos de luz de falanges amigas que vêm ajudar. O kardecismo também está presente com o seu estilo. As várias vertentes das religiões orientais, a relação especial com os indígenas em períodos imemoriais e a aceitação de todas as etnias universais. As oferendas e as evocações dos mortos das religiões afro-brasileiras são as mais potentes, fortes e que tocam a essência humana. A umbanda e o candomblé influenciaram o xintoísmo no Japão, no sentido nativo do termo, e a seicho-no-ie no Brasil. O cristianismo foi adaptado e se adaptou magistralmente na umbanda. É este sincretismo atuante e participativo de todos os povos, países e com todas as conexões espirituais que convocam o homem a pensar e a proceder com amor e respeito dentro da sociedade. O sincretismo umbandista uniu os povos e não perdeu o seu amor resplandecente pela África e pelas entidades encarnadas e desencarnadas no Brasil.

O sincretismo não é a diluição de nenhuma religião. Simplesmente fornece novos sentimentos, olhares e análises profundas sobre a fantástica caminhada dos negros africanos.

Racionalidade, inteligência, magia, cultura popular e erudita são partes e ramificações da umbanda, que se espalha pelo planeta Terra.

A religião afro-brasileira apresenta ao homem um novo tempo, no qual ele é protagonista com responsabilidade individual, moral e social. Por ser popular, entende a alma do povo e fornece por meio da esperança e sinceridade uma trajetória vitoriosa, pautada pela caridade, pelo amor ao próximo e por diálogos benéficos, sem esquecer o heroísmo humano e espiritual.

A voz, o ato e o fato são instrumentos sagrados na religião afro-brasileira. A origem do mundo e os primeiros espíritos a habitarem a crosta terrestre são da umbanda, com o mesmo nome e significado.

A umbanda tem no candomblé uma espécie de protetor e irmão. Possuem uma relação próxima, de entrelaçamento e apoio, visando à constante evolução humana.

Os continentes perdidos de Atlântida, Capela, Lemúria e Sírias, entre outros, tiveram o conhecimento absoluto da umbanda na sua formação, mas não a assumiram na sua essência e alma. Esse foi o principal fator do desaparecimento deles.

As nações que cultuam a umbanda são as mais prósperas no relacionamento humanitário e na felicidade.

O Brasil, que é o coração do planeta e berço de todas as religiões, tem na umbanda o seu alicerce principal e o fundamento espiritual mais consistente e seguro.

A umbanda sempre foi e será o porto seguro do Brasil.

Desde o seu descobrimento, o Brasil foi projetado e preparado para receber a umbanda e através de seus deuses formar uma nação soberana e liberta dos fluidos negativos que alimentam o mundo espiritualmente.

O primeiro espírito a incorporar na Terra veio da umbanda, ainda no período do Homem de Neandertal. Depois, esses espíritos foram evoluindo gradativamente a ser humano e à espécie. A formação corpórea e a mental humana foram preparadas e designadas pelo conselho dos umbandistas no planeta Marte. A umbanda originou a vida terrestre e espiritual.

As nações do mundo — com suas históricas diferenças — possuem na umbanda brasileira o seu pai e tutor para buscar a união, o amor e a fraternidade. A origem da mediunidade provém do Brasil. A África e o Brasil abrindo as portas do conhecimento espiritual aos planetas.

Portanto, a ideia é falsa de que a umbanda é uma religião nova. Esse equívoco comprova o desconhecimento dos princípios das reencarnações na vida humana.

A umbanda deu origem aos raciocínios, pensamentos mais elaborados, às sínteses e reflexões dos homens.

Na composição e na montagem dos homens, a umbanda e os seus espíritos divinos e iluminados foram os forjadores e construtores. Criaram e aprimoraram a matéria orgânica e a sua relação com o espírito, perispírito e ectoplasma. Se o homem construiu e foi moldando o mundo utilizando o pensamento e a criatividade, tenham certeza de que a umbanda foi a sua principal professora e mestra.

O nome Brasil foi escolhido pelos deuses da umbanda e do candomblé. O valente povo brasileiro está conectado espiritualmente com a verdade religiosa somente em função da umbanda.

A nação espiritual brasileira abraçou as religiões monoteístas e as politeístas dos egípcios. O Egito está dentro de nossa alma e do nosso coração. É a umbanda que encontrou o elo entre esses dois povos.

A elaboração da vida em sociedade e as conquistas humanas que favorecem uma melhor qualidade de vida aos povos têm como base segura os orixás. Dos orixás (deuses) para o mundo. Vamos falar dos orixás brasileiros. Esses deuses reais e verdadeiros transformaram e melhoraram o planeta Terra.

Minha experiência inesquecível e inigualável foi como médium, cambono (sacerdote) e principalmente como filho amado e querido de Itália Bianculli Nassar, a respeitada Mara de Ogum, que, durante 40 anos, fez um maravilhoso trabalho de ajuda, amparo, apoio e cura com o povo brasileiro, sem nunca cobrar um tostão. Minha amada mãe com o seu sagrado coração e o seu Ogum de luta e paz mudaram o Brasil. Que satisfação eu carrego em meu peito. Meu pai, Ubirajara João Nassar, também foi um gigante em todos os sentidos e aspectos, sempre permitiu que minha mãe trabalhasse e ajudasse milhares de pessoas. Ele sempre se consultava com Ogum e tinha um respeito enorme pela entidade sagrada e pela missão de minha mãe.

Ao longo de minha vida, me formei em História na PUC e lecionei História, Filosofia e Geografia por 15 anos ininterruptos. Tornei-me escritor e tenho 17 livros produzidos e lançados, com orgulho e humildade. Carrego a umbanda e o candomblé na minha alma e no meu coração. Sou um estudioso do mundo espiritual e estou conectado com as almas do universo.

Nada é mais científico do que a fé. Só existe a Ciência porque existe a fé. A verdade é a fé.

Me orgulho de ser filho espiritual de Ogum e de poder pensar, refletir e ser o que sou.

Boa leitura. Axé. Patacori Ogum. Laroiê Exu.

LUCIANO UBIRAJARA NASSAR

DEUS OGUM

Deus Ogum é o orixá e a entidade mais próxima dos brasileiros. Alto, negro, forte e de extrema inteligência. Um símbolo de vitórias, sempre combatendo a maldade (terrorismo, fanatismo, racismo, preconceitos e exclusões por qualquer motivo). Os seres humanos discriminados e maltratados encontram em Ogum seu pai e protetor. É uma força sagrada da natureza. Promove a paz e faz com que seus filhos tenham espírito de luta, perseverança e paciência. Orixá com enorme sabedoria milenar; um deus formador das sociedades, da vida em comunidade e dos seres criativos.

Ogum é uma entidade especial no convívio e na compreensão dos problemas humanos. Opera verdadeiros milagres em qualquer área, situação e contexto. Ele é o deus da guerra, uma força da alma e do espírito que impulsiona o homem.

É o deus-santo-orixá que fez nascer o aço, ferro, cobre e bronze e tudo o que se relaciona com os metais. Ferro, fogo, ferreiro e forjador. Arquiteto de um novo tempo e mundo. Desenhista e inventor do coração dos humanos. Todos os batimentos cardíacos e as emoções nasceram com ele. Aceleração, vida e moral. Ogum é deus. Onde desce e incorpora na Terra, domina naturalmente o local desejado. Chefe celestial, comandante na Terra e no espaço. Montado em seu cavalo alado, arranca as cargas e as energias negativas dos seres humanos e recarrega a terra de "axé" e energias purificadoras. Ele molda a essência das personalidades e recria um homem mais consciente e disposto a superar os obstáculos da vida sem perder o seu sentimento de fé, naturalidade, liberdade e amor.

Ogum respeita a raiz étnica dos seus filhos. A identidade de uma comunidade, de um Estado ou de uma nação tem como símbolo inconsciente ou consciente seu escudo, sua espada e todos os seus apetrechos. Tudo se deriva dele.

Ogum é um deus que representa o merecimento, a fibra e a fúria santa na procura do bem e da justiça. Nesse ponto ele tem muito de Xangô.

O deus Ogum é uma entidade próxima do ser humano. Na umbanda, aconselha, conversa, elucida e mostra o caminho da paz que deve ser trilhado. Uma mão amiga, um apoio, um jeito delicado de dizer e proceder. A espécie espiritual na sua mais completa evolução. Gênese, espírito e espaço. Um deus soberano, acima do bem e do mal, com uma dimensão estratosférica, mas humilde nas atitudes e simples no enxergar o homem e todas as suas camadas de personalidades. O seu preparo cultural é gigantesco. É o orixá coração de leão. Limpa e descarrega a humanidade com sentimentos de guerreiro africano. Um exemplo de lealdade à espiritualidade universal. Criador de mundos imaginários e reais, Ogum traduz o tempo e as realidades que se interpõem entre os seres com extrema capacidade analítica. É o olhar do furacão e o da complacência unidos. Vida, empenho e progresso. Carrega e sustenta o planeta Terra em seu corpo de músculos e aço.

Deus Ogum é o pai e o progenitor de oito bilhões de seres humanos espalhados pela Terra. Suas bênçãos espalhadas pela Terra impulsionam a humanidade ao progresso espiritual. O seu sonho de fraternidade envolve o planeta. O infinito e a imortalidade são a sua moradia. Habita o coração dos seres humanos e flexibiliza-os. É o orixá que combate as injustiças do eurocentrismo e o fanatismo religioso por uma corrente ou causa. Simboliza a liberdade, a democracia, a felicidade e a justiça em todos os ângulos, contextos e âmbitos.

Ogum nunca deixa faltar nada aos seus filhos. Sabe exatamente o sentido do equilíbrio humano entre o ser e o ter, o possuir e o despossuir. Ele organiza o cérebro humano no caminho do respeito à família, na procura pela justiça, na caridade pura e na luta pelo amor aos humildes e sofridos. É o pai dos pobres, mas ajuda todas as classes sociais. Jesus Cristo também é chamado de pai dos pobres.

Deus Ogum, com a sua falange, moldou a personalidade e o sentimento do povo brasileiro no jeito, nos rompantes e nos questionamentos do sistema. Gosta de ordem e está sempre de prontidão para socorrer e amparar.

O sincretismo foi uma adequação de Ogum para que ele pudesse penetrar e ajudar em todos os aspectos os povos das Américas, da Europa, do Oriente Médio, da Ásia, África e Oceania.

O sincretismo tem por finalidade quebrar resistências e preconceitos das nações ricas e chamadas equivocadamente de primeiro mundo. Da África e do Brasil, para ensinar e evoluir o mundo encarnado e desencarnado.

O número 7 possui magia, altivez e comunicação direta com os espíritos iluminados. Ogum é o deus maior dos sete instrumentos morais — 1) bondade; 2) dignidade; 3) paixão; 4) criatividade; 5) paciência; 6) justiça; e 7) simplicidade. Nada pode derrubá-lo. Ele é força mental e intelectual. É o orixá que cuida da memória e da história de um povo. Os objetos e as coisas em que ele toca ganham vida própria. Tem poderes absolutos e sobrenaturais para mudar, educar e transformar todo o planeta. Seus filhos são seus sucessores na habilidade de construir um mundo novo, sem esquecer a história e a cultura desse mesmo povo. É o deus da utopia tão necessário no plano carnal e espiritual.

Ogum é o orixá das lembranças. É através dele que a saudade dos orixás da África-Brasil toca o coração e a alma. Quem conhece Ogum, jamais se afasta dele. É pai e protetor. Abridor de caminhos. Virtuoso senhor das guerras em busca da paz e da justiça.

Escultor, pintor, laborioso e sutil artista com a dicotomia realista entre a improvisação e a disciplina. Seus filhos possuem uma tendência para as artes em geral. Ogum faz arte com o diálogo, o discurso e o aconselhamento. Um colosso nos milagres de cura e libertação. Rei e general, arauto das guerras carnais (plano físico) e metafísico (plano espiritual). O primeiro homem de combate é Ogum. Ele é o que abre as estradas e os campos de batalha da vida, na busca do amor, da fidelidade e reciprocidade. Ogum é a competição sem privilégios, mas respeitando a hierarquia. As guerras são travadas na essência e no âmago do homem com a intenção de aprimorá-lo. Deus Ogum, o criador do mundo ao lado de Oxalá, jamais prejudica qualquer inimigo. A sua justiça caminha com o perdão e a retomada das atitudes respeitáveis. A retórica deste orixá sagrado é a pedagogia do elogio e do otimismo. Nos planetas superiores, ele sabe da importância e do benefício do elogio e da massagem equilibrada do ego.

O pai dos pobres regenera o homem com exemplos frutíferos e modelares. Suas conversas nas consultas têm como base o conhecimento científico dos seus antepassados espirituais. Esse conhecimento milenar, o mártir Ogum utiliza para diagnosticar e curar distúrbios psicológicos e espirituais.

Orixá filósofo que fez a umbanda se tornar a potência que é hoje.

O grande pesquisador, codificador e difusor do Espiritismo, Allan Kardec, recebeu apoio mediúnico, cultural, logístico e de ectoplasma de Ogum e dos seus filhos, para poder realizar seus trabalhos de estudo analítico e compreender todo o conjunto das leis de Deus.

Ogum criou e habitou o planeta Terra em priscas eras, participando como voluntário de todas as guerras e batalhas travadas em momentos cruciais da História. Sempre do lado do bem e da justiça, combatia sem qualquer tipo de recompensa. Objetivava a qualidade de vida para toda a população.

Suas histórias — vividas na África com dignidade, orgulho e amor à terra e pátria —, com o passar do tempo, foram transformadas em lendas mitológicas. Algumas narrativas tendenciosas e maníacas tentaram tirar o seu valor, mas todas caíram por terra com sua bondade, hombridade e seu amor pela humanidade. Todo folclore tem no seu conto uma raiz sólida de verdade. O mito abre o campo na conjuntura do raciocínio verdadeiro. O mito se tornou verdade na realidade de Ogum e de seus filhos. Poder temporal e atemporal em uma viagem na máquina espiritual que cobre os tempos memoriais e imemoriais da história escrita e não escrita. O que pode ser dito, falado e escutado. O poder oculto das primeiras palavras faladas.

A ordem do universo com as suas linhas diversas e com características próprias é um presente de Ogum para quem quer e necessita saber a verdade. Ogum reina sobre todos. Os mais renomados pensadores que eternizaram a hierarquia e a família como base de reconstrução da sociedade, valorizando princípios sagrados de amor pela pátria e pelo ser humano, nasceram com este senhor da guerra e com as falanges sob o seu comando. O planeta Terra aprendeu com Ogum. Tudo passa por ele. Calendário, dia, morte, vida e destino. Encarnações e materializações. Ressurreição e entendimento humano. Ele deixa fluir o sentimento humano sem interrupções prejudiciais. A coerência e a energia são canalizadas nos principais chacras humanos. Este orixá cultiva, lapida, aprimora e salva as almas.

É o orixá das ferramentas, da improvisação e da tecnologia. A sua inteligência e emoção fizeram com que a umbanda fosse divulgada por todas as mídias com o propósito de ajudar, esclarecer e salvar os seres humanos. Somente existe o progresso científico em função do amor e do carinho pela sociedade e pelo ser humano. Agregar sem diferenciação e sem privilégios baseados nas diversas formas de poder, colocando o homem em patamares nunca habitados. A aventura e o risco com logística e equilíbrio emocional são um dos fatores da sua aura. Ele semeia trabalho e colhe os louros da vitória. Ogum é sagrado em todos os aspectos.

O destemido deus Ogum é o que toma as iniciativas. É o orixá mais próximo do homem, vivenciando suas dores, alegrias, frustrações, conquistas e seus impedimentos. Nesse aspecto, somente o deus Exu tem nas suas características uma maior proximidade com a rotina da vida terrestre.

Nos caminhos trilhados por Ogum, seja na estrada sem fim, nas praias sedosas ou nas montanhas de difícil acesso, fazendo uma parábola, a sua resistência e o seu idealismo são irresistíveis e sempre colocados à prova. É o orixá mais visado e vigiado, por sua grandeza e por ser um deus com poderes ilimitados. Não obstante, seus filhos possuem essa rebeldia glorificada atada ao perispírito. Os seus arquétipos e signos norteiam e impulsionam seus filhos de fé a vencerem, seja mais cedo ou mais tarde. Um filho de Ogum é revestido de sua própria força.

Comparativamente diante de outras religiões monoteístas e politeístas, as formas de prática da fé e de amor em Ogum estabelecidas por seus filhos são as mais fortes, pujantes e seguras já registradas e presenciadas na história das religiões na esfera humana e espiritual. A crença em Ogum é a mais consistente demonstração de amor e sentimento que um ser humano pode ter. Ele é o maior representante desta devoção raciocinada. É um amor puro, genuíno e sem fanatismos. O verdadeiro amor de espírito, sentimento e reflexão.

Esse ponto é fundamental no entendimento do orixá. Ogum trabalha o pensamento, a análise e faz um exame de consciência sobre o caminho mais justo, certo e seguro a tomar. Ele faz seus filhos compreenderem, afastando qualquer sinal de fanatismo, apego desenfreado ou irracionalidades históricas. Ele é silêncio, meditação e amor.

A sua fé é sutil como um violino, arrebatadora ao rufar dos tambores e atabaques, mas principalmente mediadora entre o ter, o ser, o poder e o existir.

A fé raciocinada em Ogum é o maior exemplo de respeito, gratidão e carinho que se possa ter na face da Terra. Uma vez Ogum, sempre Ogum.

Carregando a bandeira de Oxalá, possui várias formas, configurações e uma infinidade de diversos tipos de conhecimento. Ele é a sentinela do planeta.

O dominador e forjador do aço, titânio e de metais, tem um poder assombroso na luta infindável entre o bem e o mal. Ele trabalha para salvar a Terra dos espíritos atrasados, primitivos, mas com um alto teor de crueldade.

Sensível, atento e preocupado com o destino do planeta e do homem, Ogum arrisca a própria vida espiritual e orgânica na contenda dos pérfidos espíritos, objetivando energizar, equilibrar e evitar que a Terra se transforme em um mar de sangue.

Sem a força de Ogum e o seu amor incomensurável pelos humanos, a Terra já estaria ardendo no fogo, na falta de água, na irradiação nuclear e nas armas letais. Ogum interfere lutando bravamente nas várias esferas e nos planos, para deixar a Terra em paz e com amor. A sua causa é a mais bela, pura e nobre.

Onisciente, onipresente e principal inteligência existente, mas, acima de tudo, um ser divino e único, que aceita descer do seu trono de luz para incorporar em humanos (médiuns) em uma prova de entrega, humildade e devoção. Um deus descer à Terra para fazer caridade, somente Ogum é que pode fazê-lo. Levitar e volitar por todos os planetas que ele mesmo criou. Um deus servindo os seres na Terra é de uma grandeza ímpar e ilimitada. Um médium de Ogum tem poderes incríveis e é escolhido entre milhões. É uma honra ser um médium de Ogum. Conduta ilibada, moral intacta e decência em todos os procedimentos da vida são obrigações de um médium, principalmente quando se fala em Ogum. "Ogunhê meu pai" é a sua saudação.

Deus Ogum é o guardião de paz no universo, Deus da guerra no mundo espiritual. O combatente do mal com o objetivo intrínseco de levar amor, perdão e compaixão aos seres viventes na Terra.

MITOS E LENDAS DE OGUM

A DOR

Há milênios antes das eras que conhecemos, Ogum deixou Irê e sua aldeia de Ketu com o objetivo precípuo de lutar, combater e se preciso fosse morrer no trabalho para libertar e proteger toda a África, especificamente a Nigéria, país mítico, místico e sagrado.

Na sua volta de mais de cem guerras que ele venceu, não foi reconhecido e nem respeitado da forma que queria e desejava. Revoltado e sentindo-se humilhado, ele destruiu a aldeia e liquidou os que o desrespeitaram. O guerreiro mais forte, hábil e destemido se voltou contra sua própria aldeia.

Ogum nunca aceitou o menosprezo e a ingratidão, principalmente do seu povo.

Nesse exato instante de fúria silenciosa, seu filho afirmou: "O nosso povo não o reconheceu por causa de suas roupas, sua barba e seus cabelos compridos, e você nos proibiu de conversar com estranhos, lembra-se? Nosso povo apenas cumpriu o seu pedido".

A dor, o remorso e a tristeza tomaram proporções gigantescas em Ogum, que, de tanto martírio, arrependimento e tanta tortura psicológica não aguentou. Pegou a sua espada e num rompante cortou o mundo em vários pedaços (o que são hoje os continentes) e se jogou nas profundezas da terra, se suicidando.

Estar vivo com esse perturbador remorso no peito e na alma não tinha sentido para Ogum.

A RESSUSCITAÇÃO

Ogum nasceu com o sentimento de ajudar, amparar e proteger o seu povo, em um momento de guerras apocalípticas.

As guerras denominavam e traçavam suas regras e normas aos vencidos, escravizando-os.

Deus Ogum, ao lado dos heróis e soldados Exus, seus fiéis escudeiros, foi para a guerra combater os assassinos das aldeias e nações.

Depois de vencer mil batalhas, após combater incessantemente durante sete dias e sete noites, sem pausa ou descanso, os inimigos da África, do Brasil e da umbanda, tombou ferido, não resistiu e morreu. Ogum desencarnou às 7 horas e 7 minutos, do dia 7 de setembro de 7777 antes do nascimento de Cristo.

Seu povo chorou durante sete dias e pediu sua volta à Terra, caso contrário, faria da Terra um mar de lágrimas, e todo o planeta seria afogado.

O deus Oxalá, criador do céu e da terra, atendendo aos apelos, resolveu premiar o povo de Ogum e ressuscitou-o. O mártir, senhor e deus da guerra, estava de volta.

Ogum ressuscitou e continuou os seus trabalhos de proteção aos seus filhos, passando a ser duplamente um deus; humano, sensível e indestrutível.

A partir desse momento, passou a enfrentar todos os problemas e percalços da Terra.

OGUM E XANGÔ

Ogum e Xangô eram irmãos e extremamente amigos. Os dois tinham um relacionamento excelente. Um ensinava ao outro um ofício. Trocavam informações e o convívio era harmonioso. Dois deuses e dois destaques dos altares dos seus milhões de filhos espalhados pelo mundo.

Mas Xangô apaixonou-se perdidamente por Yansã, esposa de Ogum. E, para conquistá-la, utilizou poderes extrassensoriais, paranormais e de feiticeiro. Com um pó mágico, Xangô manipulou e dominou a mente de Yansã, convencendo-a a ficar com ele, no paraíso entre as grandes rochas. O deus Ogum ficou tão revoltado e triste com essa condição, que, para não matar Xangô, resolveu ir embora para sempre, sem destino, convertendo-se em um andarilho pelo mundo.

Esse destino, escolhido por suas convicções, fez de Ogum o protetor maior do planeta.

- **Data festiva:** 23 de abril
- **Bebidas**: a principal bebida do orixá original, sem entrecruzamento espiritual com outras divindades, é a cerveja, sem estar gelada e com pouca espuma.
- **Cores**: vermelha, branca ou azul-marinho.
- **Locais de recebimento de oferendas**: praias, estradas, matas e planícies.
- **Sincretismo religioso**: São Sebastião, São Jorge ou Santo Antônio.
- **Símbolos**: espada, escudo e capacete.
- **Saudações**: Ogum ê Ogunhê; Patacori Ogum; Ogum de Guerra; Meu pai Ogunhê.
- **Animais preferidos para convívio**: cavalos, cachorros e bois; animais domésticos.
- **Dias da semana**: terça-feira e quinta-feira.
- **Números prediletos**: 7 e seus desdobramentos...14, 21, 28, 35...
- **Plantas**: espada-de-ogum para banhos de descarrego, purificação e limpeza.
- **Pedras**: rubi, granada, hematita e sodalita.
- **Metais**: ferro e aço.
- **Flores**: cravos.
- **Rituais com oferenda:** aipim, inhame, manga, bode, caramujos africanos, galinha, azeite-de- dendê, pipoca, xinxim, feijão (todos os tipos), feijoada, leite de coco, camarões grandes e rosados, amendoim torrado, farofa, farinha, milho-branco, acarajé e mingau.
- **Guias**: azul-escura, no candomblé; e vermelha e branca, na umbanda.

DEUS EXU

O mensageiro sagrado. O guerreiro fiel. A respeitabilidade como fundamento de vida. Um orixá ligado à evolução da matéria e do espírito. Um devoto da evolução moral do planeta. Um deus que serve à dignidade. Um mestre da justiça que reconhece a vitória e a derrota. Um ser divino revestido de poderes excepcionais. Um portentoso orixá próximo do povo. Participativo, camaleão e com o espírito na realidade do ser humano. A verdade é a força maior deste lindo orixá. Amigo e irmão do povo brasileiro.

Indiscutivelmente, é o orixá que fala, transmite e se relaciona com a linguagem do povo brasileiro em todos os seus aspectos.

Deus Exu é o Brasil natural e com autonomia. É a verdade em suas várias formas, com seus matizes e degraus. A verdade no seu sentido mais perfurante. É o orixá que fala na cara. Brasil revestido de cultura e de vida, como a nossa amada mãe África.

O Senhor Exu é a fortaleza, o ser humano nas suas várias encarnações e no seu ritmo cosmogônico. Verdade escancarada e a vida passada a limpo.

Deus Exu é divino e humano ao mesmo tempo, com a permissão do deus Oxalá. Sem ele nada funciona, progride ou se desenrola. Sábio, esperto, poético e malandro no sentido prático e na linguagem figurativa, mas acima de tudo com uma aura de extrema luz.

Sobrenatural, incansável e conhecedor das miudezas sentimentais do povo brasileiro mais do que qualquer um. Força do esplendor da juventude e da energia do planeta, é um vulcão em erupção com seus desejos de transformar o mundo. São dele as encruzilhadas, ruas, os becos, quarteirões, as quebradas, vielas, vilas, ruas transversais, estradas e os caminhos infinitos.

A alma do povo brasileiro foi burilada, lapidada e esculpida pelo deus Exu. Artista na vida em qualquer circunstância, momento ou situação periclitante. Lutador emérito com suas vibrações incomparáveis.

A sua gargalhada sincera contempla as profundezas do universo e as tragédias e felicidades do ser humano. É o orixá mais incompreendido, mas para quem o conhece e busca, na verdade, é o orixá mais amado.

Deus Exu é o orixá das portas e porteiras. O homem do cadeado. Entrar e sair somente com a sua permissão. É o orixá mais atento e compenetrado para desvendar o cotidiano dos homens. Exu ajuda, aconselha, pede e cura. Um verdadeiro pai do Brasil. Olho no olho. Verdade como premissa, origem e metafísica. A verdade dita na cara do sujeito com o intuito de fazê-lo crescer mental e espiritualmente, progredindo em todos os aspectos e âmbitos.

O orixá Exu é transparente, perceptível, nítido e de uma originalidade poderosa e que agrega os seres.

Quem conhece a sua essência e o fundo da sua alma tem certeza do seu amor, da sua dignidade e hombridade. Ter um orixá amigo como o senhor Exu é uma das principais e mais bonitas vitórias do homem na Terra. Ele nunca falha. Ser filho espiritual do deus Exu é viver honrosamente e no campo da bondade por todos os séculos e milênios.

Falar de suas qualidades é motivo de orgulho; pronunciar o seu nome fortalece a alma; e sentir o seu jeito de ser é aumentar a proporção do nosso amor pela pátria brasileira.

Quando o senhor Exu incorpora para escutar queixas, reclamações e problemas, sempre com o objetivo de ajudar, resolver, solucionar ou dar respostas consistentes, o consulente já começa a evoluir, melhorar e superar a crise, justamente por estar na frente de um deus.

As lembranças tocam a minha sensibilidade e me emocionam. Quantos conselhos carinhosos e brincadeiras bacanas carrego em meu coração e na minha alma extraídos do sentimento deste gigante incomparável.

Apenas os homens justos, sensíveis e dignos podem compreender a complexidade e as polêmicas construtivas deste orixá-deus.

Os orixás-deuses reconhecem o poder e a aura de Exu, esta força universal.

As tarefas e os trabalhos mais complicados no desenrolar da vida humana na Terra é Exu quem resolve. Ele aplaca a dor e coloca no seu caminho sabedoria, justiça e amor. Ele é imbuído das verdades do mundo.

Por conhecer extremamente bem os dois mundos — espiritual e material —, possui imenso poder para detectar a raiz do problema, checar as qualidades informativas, averiguar com perícia e comparar embasado na experiência das suas muitas vidas. Um dos poucos deuses a analisar com cuidado de prestidigitador e dar o veredito final ao consulente com o seu estilo decisivo e criterioso. É algo fantástico. Amor, paz e verdade. Deus Exu segue as leis da bondade, do merecimento e da humildade.

Os orixás-deuses reconhecem o seu poder e ecletismo.

É o orixá da transição, homem (terra), espírito (evolução), deificação (ser divino). Ele possui três reconfigurações combinadas no conjunto astral. É a força principal; homem-Exu; dramas e realidades nas vivências terrestres. Espírito Exu - discípulos; evolução coerente e segura no seu encaminhamento. Recriação divina; quando atinge o topo da luz (energia) e a iluminação global (amor ao próximo), torna-se deus novamente, depois de uma luta exaustiva e incessante na ajuda aos seres humanos. Esses quatro estágios de Exu representam o elo que nunca se perde; fé, religiosidade, amor e conhecimento.

Ser verdadeiramente um deus-orixá e voltar a habitar um corpo humano é sinal de extrema humildade, principalmente com o sentimento de ajudar, iluminar e buscar incessantemente a verdade. Não existem palavras e nem definições para adjetivá-lo. Somente quem recebeu as suas bênçãos sabe do que eu estou falando. São idealismo e amor no seu mais alto grau.

Um deus voltar a morar em um corpo próprio; deus feito homem; merecimento e luta. É o círculo da vida. Subida, topo e apogeu. Queda, declínio e esquecimento. Fases iguais, distintas, mas, acima de tudo, um exame de consciência definindo a lei do merecimento e o que pode ser feito para eliminar os carmas pesados. Realidade e verdade no mesmo plano. A realidade do planeta está no deus Exu. Ele mostra a verdade, e você não pode ignorá-la ou fugir dela. A verdade vem e te pega. Ele questiona, unifica e faz com que a humildade bafejada pela razão prevaleça.

Nenhum deus-orixá, ou de qualquer religião, seita ou religiosidade, pode andar nos lugares em que o senhor Exu anda. O mundo que gira, e gira forte, é dele. Gira-mundo imortal. A Caveira, símbolo da saúde e meditação. Tranca a rua para os caminhos abrirem. Saravá Exu. Laroiê Exu.

Exu na umbanda incorpora com a finalidade absoluta de aconselhar, ajudar, amparar, conversar, motivar ou conter a euforia desmedida ou desmesurada. Vem com os seus apetrechos — capa, cartola, um copo de pinga e um charuto.

A pinga como valor simbólico só é tomada minimamente quando o médium não está tomando nenhum remédio ou derivativos. A pinguinha é um instrumento sagrado de purificação do corpo e da mente, fazendo com que o médium e o consulente consigam evoluir, aprimorar e melhorar a sua conduta de vida, sendo um exemplo de bondade. A tão polêmica pinguinha (olhada com desdém pelos ignorantes em relação ao mundo espiritual), tomada em mínimas doses, nada mais é do que um tranquilizante para a vida do "cavalo" ou "médium" e dos participantes da casa, tenda ou do centro. Todos recebem os fluidos energéticos e positivos emanados. Esse guerreiro cura, com a sua bebida, dores, traumas e todo tipo de moléstia ou proporciona a coragem para o tratamento médico.

O grande Jesus Cristo não transformou a água em vinho? Seria como se o deus Exu transformasse aquele "golinho" da pinga em remédio para o corpo e para a alma, ultrapassando e superando todas as análises psicológicas. As linguagens simbólicas usadas na história do conhecimento mental do povo foram criadas e utilizadas por ele há milênios; a chamada limpeza orgânica e espiritual. Cada deus-orixá com sua personalidade e suas formas diferentes de ajudar e solucionar problemas e crises.

Com as suas legiões e falanges que operam na umbanda, ele transforma "pinga" em "água benta e milagrosa". Um simples gole da "sua" aguardente impulsiona o médium e o consulente na procura do equilíbrio emocional e espiritual. Nos planos espirituais mais elevados, a bebida (marafo) é um símbolo mítico de aproximação entre o deus-orixá e os homens. Relação terra, fogo, ar e mar. A natureza oferecendo a sua sabedoria e unindo momentaneamente planos espirituais elevados e planos terrestres problemáticos.

O deus Exu preenche o sentimento do povo com uma lealdade única e exclusiva. Ele, quando desce à terra, irradia uma força milenar fabulosa.

É um acontecimento de enorme emoção para todos os presentes. Sem ele não tem gira, reunião, evolução, magia e o progresso espiritual de milhões. São dele a segurança, a proteção e a cobertura do fato com inteligência e firmeza. Ele é o próprio fato. Exu entrega sua vida corpórea e espiritual ao povo brasileiro. Como Ogum, é o rei da luta e da guerra. É no combate em prol do amor e da justiça que ele resplandece.

É o arquétipo humano e a sua atitude recondicionada perante questões da vida. Os soldados de Ogum são obedientes, serenos e cumpridores de ordens com extremo zelo e respeito pela vida espiritual e pelos humanos. Este deus é, no ditado popular, "pau pra toda obra". Está com você, o ajudando e do seu lado, o carregando por todas as encarnações. São espíritos que seguem uma disciplina discipular em seus planos espirituais, mas com a lei do merecimento e do destino idealístico como alvo.

O heroísmo advindo de Exu é de grandeza e brilho incomparáveis. É o orixá prestativo, sempre lhe estendendo a mão. É o homem – menino – deus; um sonhador que não reconhece derrota. Completo e repleto de segurança, faz o tempo girar ao encontro da vida eterna. Ele não utiliza na Terra os seus poderes divinos da forma que poderia utilizar. O limite permitido pelo pai Oxalá é respeitado com humildade. Ajuda extremamente os seres humanos com seus poderes extrafísicos e cósmicos. E isso basta. Tão forte, energizado em todos os campos da energização magnética, que, se fosse de sua vontade, dominaria de forma tranquila e facilmente o mundo e os planetas em todas as suas instâncias. Astuto e esperto, respeita a disciplina e a hierarquia, sabendo compreender o processo evolutivo mais sutil e elaborado.

Possui todas as características principais do sentimento e do inconsciente coletivo e consciente individual do Brasil e da África; trabalha e equilibra o planeta Terra.

Virtuoso, eloquente e com rompantes de um verdadeiro rei, é orixá-deus que presta serviço aos homens com humildade sublime.

É o deus-orixá do prazer sexual e da vida sexual na sua plenitude. É o fogo do amor, o desejo, a conquista e a descoberta. Exu é o professor do amor e da paixão. O controlador e libertador dos desejos, requintes e prazeres humanos. O orgasmo, a libido e as fantasias. Exu é o símbolo da reconquista amorosa.

O Brasil deve seu índice de natalidade exuberante ao longo da história ao Exu e às pombagiras (rainhas – inverso de Exu – sexo feminino). A população brasileira com a estimativa aproximada de 215 milhões de habitantes tem o sentimento, a magia e o sentido de valorização do prazer e da fecundidade próprias do deus Exu.

A sua representatividade é poderosa, atuante e justificada em cada minuto da vida humana na Terra e especificamente no Brasil. O senhor Exu está na mente do povo.

Por ser um deus da compreensão do estágio humano na Terra e deus no plano espiritual no panteão divino, Exu é o orixá mais controverso e questionado. Ele é o orixá da transição, da mensagem e da velocidade da informação, do fato e da resistência contra o mal.

É o deus moleque, brincalhão, malandro e frasista. Deve sempre ser pensado e interpretado na abertura de novos mundos e planos nas concepções reais e verídicas da verdade universal. A espiritualidade é uma das provas cabais da sua força, do seu poder e da sua amplitude como espírito que cria etapas na vida. As sucessivas encarnações são comprovações de sua divindade.

É o orixá formador de núcleos habitacionais e cidadelas com diferentes planos de compreensão e entendimento. É o orixá do resgate. Resgate e salva as almas sofridas, rancorosas e vingativas dos escombros do mundo. Ele é o primeiro deus que percebe e reconhece o sentimento de perdão que carrega o espírito do morto. Só ele tem essa missão, que é lidar com as dores e os ódios no momento em que o finado acorda de sua vida insana. Exu é o primeiro despertador; a eletricidade e a clareza.

É o condensador, revigorador e transformador das energias que saem dos mortos e vivos. Exu pode descer ao inferno. Somente ele.

A ressignificação do tempo como conceito determinado de personalidades humanas e os arquétipos do equilíbrio e da mitificação digna são partes integrantes das ideias de vida espiritual no campo da conjuntura evolutiva. O seu poder de transformar o homem de fé em algo melhor e mais evoluído é o ponto mais importante da sua função.

Os pensamentos mutantes e originários, que possuem a temática da liberdade reparadora, são um dos alicerces desse orixá-rei.

Um orixá que compartilha pensamentos mutantes e não limita o seu livre-arbítrio. É a liberdade e o prazer da vida. Nada é mais significativo do que o "eu" protetor e salvador que esse santo sagrado possui. São os exus que fazem a humanidade progredir e entender os caminhos e descaminhos da sociedade. Cada qual com sua característica, seu estilo, sua aparência, simbologia, seus rituais e apetrechos. Nessa questão de ajudar, despertar e dar a sua vida espiritual pela verdade e dizer sempre o que é certo, Exu se parece com todas as maiores, mais benevolentes e evoluídas almas que habitaram a Terra.

Os reis-exus são nas falas e nos discursos rebeldes e transgressores dentro de um contexto mítico na sociedade; os verdadeiros impulsionadores das contradições que evoluem o espírito na busca pela paz. Dentro do campo espiritual, Exu tem uma conjuntura de ruptura e libertação que organiza o país dentro de um profundo humanismo, sem desmerecer os seres vencedores. Ele é um produtor de campeões em diferentes áreas, funções e segmentos.

A sua suposta transgressão é o equilíbrio de que tanto precisa o universo. São seres inteligentíssimos que criaram, ensinaram e vivenciaram todas as formas de amor, ódio, verdade e traição na Terra. Só pode ser um professor de verdade quem, de fato e de direito, vivenciou e sentiu as dores do ensejo, da realidade buscada ou da realidade curada e concluída. Da dor nasceu o maior amor do mundo. Do planeta amargo e ranzinza, nasceu o bom humor de Exu, tirando o homem de sua clausura emocional. Não é à toa que Exu é chamado de deus. Podem, também, chamá-lo de professor, profeta e homem da lei. A verdade é a lei. Intelectuais ativos, mas cientes da importância da lei e do valor da lei para a evolução da vida, esse é o ponto fundamental desses seres maravilhosos. A progressão, a subida e a busca pela verdade. A verdade é que impulsiona os filhos de Exu. A liberdade é o desapego. A liberdade é a consciência livre e a facilidade de encontrar e distribuir o prazer da vida em harmonia com todas as formas e fontes da natureza.

O intercâmbio entre as mentes dos médiuns, dos consulentes e dos filhos de santo com o poder do deus Exu é algo fascinante. O médium que mantém uma conduta moral intacta sob todos os aspectos e recebe a entidade Exu, torna-se um dos seres humanos mais completos e perfeitos. Através de Exu, o médium transforma-se em um símbolo de dignidade e bondade. A limpeza energética e da alma tem nesse orixá seu centro principal. Ele descarrega, ao lado do pai Ogum, as energias fatigadas e condensadas negativamente para os subterrâneos do mar.

Por parte dos dogmas religiosos, o deus Exu foi taxado, rotulado e difamado errônea e criminosamente de demônio, em um dos maiores absurdos e umas das maiores discrepâncias da história religiosa de um povo. A falsificação religiosa que se acometeu com este orixá sagrado é um crime de lesa-pátria.

O doentio fanatismo de falsos profetas e ideólogos do ateísmo, que jogaram essa pecha em cima deste deus e provocaram um ódio cego em milhares de pessoas, marcou a sua história no Brasil. A demonização deste orixá não conhece precedentes nem limites históricos.

Pessoas que não conheciam, não estudavam e não sentiam a liberdade e o princípio da evolução e aprimoramento opinavam despudoradamente.

As religiões devem somar seus conhecimentos, rituais e suas culturas próprias. É um aprendizado e uma troca sublime de experiências. Mas, infelizmente, o que nós vemos são ataques e agressões a entidades, médiuns e centros de umbanda, candomblé e quimbanda. O ódio de algumas religiões que não pregam o amor pelo orixá Exu é de uma ignorância brutal. A liberdade e o respeito religioso são conquistas, direitos e deveres. Não é um problema somente do Brasil, e sim do mundo.

O preconceito e a discriminação são as duas pragas malditas que assolam as religiões afro-brasileiras. Antigamente era bem pior. Hoje se tem um maior respeito e uma admiração pelas nossas escolhas e preferências religiosas. A garantia e a justiça estão na Constituição Federal Brasileira, artigo 5, VI, e, também, no Código Penal artigo 208, decreto-lei 2848-40.

Nós vencemos a intolerância religiosa. A maldade e os problemas psíquicos dos fundamentalistas e dogmáticos jamais enfraqueceram o destino grandioso das religiões de matriz africana, indígena e brasileira. A umbanda, o candomblé e a quimbanda se fortaleceram na dor e no desprezo para atingir o mundo inteiro, ajudando milhões de seres humanos. O crescimento delas se dá no dia a dia, mês a mês e ano a ano, firmando-se com uma solidez incrível. O aumento de centros, terreiros e tendas é algo que os orixás explicam. O amor se multiplica e os bons ensinamentos são carregados pela vida inteira. O povo gosta da verdade, que é o princípio vital dessas religiões sagradas. Axé.

Em solo nacional, o deus Exu, com sua voz, tradição e simbologia, age no mundo e em milhares de planetas, formando uma escola de seres humanos que sabem amar, viver, ser felizes e respeitar as diversas realidades existentes e imaginadas.

A sua capa preta, linda e brilhante, e o seu tridente (união do espírito, da matéria e de Olorum) protegem os seus filhos de todo o mal.

A construção do planeta, o crescimento do ser humano moralmente e as transformações da Terra precisam e necessitam desse deus da paz e da lealdade.

A importância e o gigantismo de Exu são tão patentes e perceptíveis que somente ele é capaz com seus poderes de invocar, dar passagem, ligar e religar os homens aos orixás. Tudo passa por ele. É o fio condutor, a ponte necessária que une a cidade dos homens à ilha dos deuses-orixás.

A sua guerra pacífica une e irmana os homens.

Se o homem quiser acionar a sua fé em qualquer uma das mais famosas religiões do mundo, monoteístas ou politeístas, deve passar pela autorização de Exu.

É um deus que determina se o homem pode ou não conversar, pedir ou participar do sentimento de amor religioso. A sua importância é ilimitada. O destino de cada ser humano na Terra está em suas mãos. Ele é quem cuida dos destinos dos homens.

Quando um ser humano, um Estado, uma nação ou uma comunidade rompe e destrói o equilíbrio terrestre, ele, com sua capa e sua força, é chamado para evitar o agravamento da situação e reequilibrar a balança da justiça.

Deus Exu é a força maior. Sabedor de tudo o que se passa na mente dos homens.

MITOS E LENDAS DE EXU

A ACEITAÇÃO DE EXU

Uma das provações do deus Exu estava relacionada ao seu poder sobre os homens e os orixás.

As forças terráqueas o discriminavam; os outros deuses-orixás o rejeitavam. Exu ficou em um beco sem saída. O que fazer?

Triste e acabrunhado, mas com uma determinação férrea, Exu foi conversar com Oxalá (Olorum), o deus criador.

Oxalá pediu que Exu tivesse paciência e tranquilidade, e, como resposta recebeu:

— Vocês irão ver do que eu sou capaz!

Utilizando a sua capa preta linda e brilhante soltou a sua voz. O barulho de um estrondo assustou a todos e não mais parou. A sua voz de trovão — forte, estrondosa e dominadora — não parava mais. Um grito de dor, raiva e sarcasmo penetrava na alma da humanidade terrestre e espiritual.

Os deuses-orixás não aguentavam mais aquele barulho. Durante sete dias e sete noites, ininterruptamente, perturbava a todos e não cessava.

Dentro desse quadro irreversível, os orixás reuniram-se e resolveram aceitá-lo como um deus e tratá-lo com deferência, se ele parasse com o barulho.

Dito e feito, Exu cessou o grito e recebeu o perdão dos orixás, que compreenderam que ele estava sendo injustiçado. Assim, mais um deus voltou ao panteão.

Os humanos, dentro de sua ignorância e seu atraso, estão aos poucos aceitando o deus Exu como um grande protetor, amigo e irmão.

A vitória foi de Exu.

DEFENSOR DO BEM

Na guerra entre o bem e o mal, Exu defendeu o equilíbrio. Os maniqueístas atacaram e desferiram golpes contra ele.

O bem e o mal não aceitavam interferência. Não permitiam os intercessores. Não queriam perder os louros da vitória. O bem lutava para vencer o mal e vice-versa.

O bem e o mal deram uma pausa na guerra sanguinária e resolveram liquidar o orixá da capa preta. E assim foi feito. Alvejado por lanças e tiros ele morreu.

O bem e o mal mataram covardemente o Pai Exu, o guerreiro da verdade. A partir desse acontecimento, Exu ressuscitou e se tornou um deus, lutando sempre a favor do equilíbrio humano na Terra. Atacado pelo bem e pelo mal, tornou-se o orixá do equilíbrio e do merecimento.

O deus-orixá Exu foi o escolhido para enfrentar com destemor qualquer tipo de ofensa, ataque ou agressão. Venceu tudo e todos e hoje equilibra o Brasil.

PAI DA LIBERDADE

O deus Exu teve a sua consagração por lutar incessantemente pela liberdade. Associado à liberdade, é o ponto de libertação do ser humano na Terra e em todas as encarnações.

Os planetas e todas as vidas existentes possuem em Exu um gladiador da liberdade. Lutar, cair e levantar é com Exu. E, no final, obter o triunfo total.

O orixá-deus Exu venceu guerras e revoluções empunhando a bandeira da liberdade, seja contra quem for. Lutando e combatendo, ele venceu ideias destrutivas, ditadores de costumes e de estados, absolutistas de qualquer linha ideológica e todas as ordens de psicopatas famosos e anônimos. Um orixá que não quebra a linha hierárquica, mas a harmoniza.

O senhor Exu fez com que o ser humano aprendesse, pensasse e lutasse pela liberdade. Ele é o professor dos ensinamentos em prol da liberdade. Homem livre tem Exu na cabeça. Laroiê Exu.

- **Data festiva**: 13 de junho
- **Bebidas**: cachaça, pinga e aguardente.
- **Cores**: preta e vermelha (é a mais utilizada).
- **Locais de recebimento de oferendas:** caminhos, encruzilhadas, cruzamentos, túmulos ou cemitérios.
- **Sincretismo religioso**: São Bartolomeu, São Gabriel, São Pedro, Santo Antônio e São Bento.
- **Símbolos**: tridente, capa e chapéu. O tridente representa os sete caminhos que o homem escolheu ou vai trilhar na sua encarnação.

- **Saudações**: Laroiê Exu.
- **Animais preferidos para convívio**: cachorros.
- **Dias da semana**: segunda-feira, nos candomblés; sexta feira, na umbanda.
- **Números prediletos**: 7 e 13.
- **Plantas**: arruda-de-guiné, avelós, figueira-do-diabo e azevinho.
- **Metais**: aço, cobre e bronze.
- **Flores**: antúrio, cravo vermelho, bigode-de-tigre e cabeça-de-elefante.
- **Oferendas**: o famoso padê (farofa molhada em três partes – compartimentos - com azeite-de-dendê, mel e com cachaça). Três punhados de cada, amassados delicadamente com as mãos (se possível a mão esquerda) Dois bifes (filé mignon ou contrafilé) por cima (pode ser cru ou malpassado) pimenta dedo-de-moça no centro. Uma pinga do lado, um charuto e um copo. Gosta também de bode, galo, galinha, frango, pombos bem temperados sempre com dendê, carne de boi, pipocas, acaçá, carne de porco etc.
- **Guias**: cores vermelha e preta.

DEUSA OXUM

A deusa Oxum é a mãe da humanidade. Bondosa, pura, culta e inteligente. É a geradora dos grandes e deificados espíritos.

Os homens idealistas, patriotas, humanitários e que valorizam a família são filhos dela. É a mãe dos espíritos elevados e iluminados. Mamãe Oxum é determinada, decidida, cuida e protege os seus filhos.

Não desampara, e a sua sabedoria é ilimitada. É a orixá mais amada e referência em inúmeras religiões no sincretismo brasileiro.

Delicada e participativa, a orixá Oxum percebe, sente e enxerga tudo. Nenhum deus ou humano pode enganá-la. Ela capta as intenções e os objetivos dos pensamentos humanos. Mamãe Oxum sabe exatamente, com uma clareza fenomenal, o que seus filhos pensam, querem, desejam, sonham ou almejam. E ela pode, com o merecimento de cada um, fazê-lo obter sucesso.

A deusa Oxum conhece os perigos e as armadilhas do sucesso e concede a graça ao seu filho de acordo com o que ele pode suportar e aguentar. As minúcias, os detalhes e as sutilezas dos sentimentos somente esta rainha conhece. É a maior analista, terapeuta e que produz um exame de consciência incrível para compreender a alma do ser humano.

É uma divindade que prioriza o contato com a natureza, os rios, mares e as cachoeiras.

Uma deusa que resgata e fortalece os seus filhos. Não aceita injustiças e é a protetora das mães da África, do Brasil e de todos os planetas.

O que é mau, constrangedor, inconveniente e inimigo da paz é repelido por essa deusa completa e sagrada. Sinônimo incomensurável de delicadeza e justiça. Ela possui uma beleza irradiante e sedutora, mas, acima de tudo, uma beleza filosófica e de adoração (no sentido poético). Está acima dos mortais, imortais e deuses. Não utiliza a beleza, pois sua inteligência domina o tempo e o espaço.

A beleza nas suas reminiscências, nos seus pormenores e na sua acuidade no pensar, falar e sentir. Uma mulher-deusa-orixá; a elegância e a finesse.

A deusa Oxum é a mais fina, classuda e requintada no quesito estilo. Uma beleza natural e aritmética. Incomparável, esbelta e com um rosto que parece um desenho de Leonardo Da Vinci.

Mamãe Oxum é a deusa-mulher mais linda e atraente. Sua postura séria é reconfortante e transforma o mundo.

Com o seu olhar e a sua beleza, mamãe Oxum enfeitiça o mal e o transforma em bem. Ela faz a mutação evolutiva transcendental ocorrer dentro de um processo orgânico-metafísico-intelectual.

O ser do mal que foi enfeitiçado passa a praticar e professar o bem, sendo um arauto da dignidade e da compreensão.

De várias formas e com inúmeros métodos, a orixá Oxum salva, regenera, alimenta espiritualmente e conduz os homens à mais perfeita evolução.

Mamãe Oxum ajudou bilhões de seres humanos na Terra a apreenderem os princípios do amor, da bondade e do perdão. Suprema e inquestionável do amor, da paixão e sedução, mas, acima de tudo, da dignidade e do caráter.

A sua paixão impulsiona o ser humano na busca e procura pelo equilíbrio familiar e moral.

Na sua concepção, a paixão estabelece uma sintonia com todas as convicções e os objetivos da vida. A paixão transformada em mérito. A paixão seria a ponte definitiva para a verdade terrestre e espiritual. A paixão transformada em reflexão, sem perder o teor e o contexto externo e interno dela.

A paixão pensada e irrefletida. É uma simbiose ainda não compreendida no mundo dos desencarnados. A paixão revirada e condensada pelo instinto. Nesse conjunto é perceptível a força do instinto no destino de todos os humanos na estadia pela Terra. Instinto é o pensamento na sua essência. Instinto é a verdade humana direta, reta e certeira. Instinto é o primeiro princípio da criação. Ela prioriza o princípio da criação na sua plenitude e qualidade moral e evolutiva.

A função humana na Terra é a expansão do amor e da compreensão. Mamãe Oxum tira das águas das cachoeiras as forças para abençoar, batizar o seu povo e unir os casais. Ela rejuvenesce os casais idosos e aprimora as mil formas de amar. Meditativa e culta, repassa aos casais essas qualidades e os faz mais companheiros.

Quem detém o poder e a magia do amor é Oxum. Ela realiza e abençoa os sonhos. Tornar sonhos impossíveis em possíveis, criar e conceber a paixão como algo benéfico e necessário para a vida e para a própria evolução humana são algumas das suas missões. Forma filhos que combatam com diálogo e afeto os fanáticos e obsessivos que não conseguem mergulhar nas suas águas de amor incondicional e purifica as dores e os carmas nas águas de suas cachoeiras.

Ela conversa com os mortais indistintamente. Conversa, entende e aconselha. Faz um diagnóstico da alma do indivíduo com extremo detalhamento, com delicadeza e visão de futuro.

Ela faz com que seus filhos superem e vençam qualquer resquício de inveja, maldade ou intriga advindo dos forjadores do pessimismo. Uma mãe que segue e enxuga as lágrimas dos seres humanos.

Uma rainha que realiza e propaga a compreensão e o equilíbrio na Terra entre as diversas forças e naturezas distintas. Ela redistribuiu o ser humano no meio mais adequado e propício para desenvolver o seu equilíbrio emocional e sentimental. É conhecedora de como eliminar e superar os pontos fracos e transformá-los em pontos fortes; desvendar o passado e o futuro, mas, acima de tudo, encorajar o homem no presente.

Seus poderes são subdivididos entre os seres humanos de acordo com o merecimento de cada um deles. Somente um coração de mãe pode passar essa força moral e espiritual ao povo brasileiro. Com o seu poder transformador revolucionou o íntimo do homem. A partir dessa ruptura, começa a surgir o homem aprimorado, pronto para comandar milhares de espíritos. Ela tem a medida, o tempo e o talento de agir e lapidar o espírito humano com a máxima exatidão, sem ferir os destinos dos sonhos mais íntimos e sublimes. A pureza manifestada encobre algum ato falho e alguma falta moral, diluindo-os nos rios de água doce.

Deusa Oxum cicatriza as feridas espirituais do ser humano com o seu olhar; cicatriza as feridas físicas com o seu beijo; e liberta o ego com sua vontade férrea. Ela multiplica o amor e o diálogo entre os povos. Seria uma ministra das relações internacionais. Sua sabedoria é espalhada pelo planeta. Inventou e fomentou a diplomacia entre os povos, as nações, os conselhos e países.

Mamãe Oxum carrega em sua mão esquerda um leque em forma de espelho. É um espelho que reflete as alegrias e tristezas, as glórias e as tragédias dos seres na Terra. Esse espelho adornado de ouro recupera, quando acionado por ela, toda a história do humanismo em suas fases, em seus períodos e ciclos. O destino global e individual, o presente, passado e futuro de cada coisa estão, como em um filme, projetados no seu espelho mágico, científico e sagrado.

A vida do ser humano repassada em cada detalhe, postura, nos atos, nas ações e nos pensamentos. Nada escapa. Nada fica de fora. Tudo avaliado e repensado. Um ensinamento inaudito e estupendo.

O ser humano recupera a sua honra e moral com esse espelho que corrige e elimina os seus defeitos e carmas passados.

O espelho é a televisão do mundo ditando as suas regras de respeito e consideração com os outros, tendo o amor como base, morada e fundamento. A verdade está sendo revelada. Mamãe Oxum, muito antes do advento da ideia estética das imagens individuais e na sociedade, há milhares de anos, já possuía o seu espelho e o seu legado tecnológico com as imagens em perpétua comunicação, alteração e transformação.

A deusa da tecnologia e criadora das televisões e de todas as mídias existentes possui como objetivo precípuo educar, esclarecer e corrigir.

O espelho que ela carrega na mão esquerda não é simplesmente um adorno ou um enfeite, é a história dos indivíduos nos seus mínimos detalhes e da coletividade na sua movimentação constante rumo ao atraso ou ao progresso.

O espelho carrega a história das contradições e dos contratempos do passado, presente e futuro. A alma é imortal.

Esse mecanismo de enxergar com olhos de mãe e de amiga, mas com a justiça como único meio e caminho, é uma das realidades mais belas do contexto divino.

Carregadora da vida e do destino das pessoas, com a leveza de seu sutil pensamento e a força de sua determinação, formou a pureza e a ingenuidade nos seres. Criadora das formas técnicas de evolução da tecnologia e a sua utilização no cotidiano, consegue em um mínimo de tempo resgatar a criança perdida dentro do homem.

O prazer e a necessidade moral e espiritual que o homem deve ter na busca pela melhor utilização das tecnologias, desde a origem de uma simples caneta até o avanço dos foguetes, passam por ela.

Um orixá que consagra a tecnologia na experiência evolutiva do homem na Terra. Ela transforma animais-homens e homens-animais em seres com perfeita sintonia com Deus (Oxalá). Deusa da razão e razão de Deus em união no seu coração do tamanho do globo terrestre.

Ela é capaz de modificar todas as estruturas mentais de um ser humano e elevá-lo aos céus da decência e da boa convivência.

A apaziguadora com poderes fenomenais. Realizadora, concretizadora e profetisa. A realidade do mundo reflete e acontece em seu espelho.

A mãe mais linda e sedutora do planeta Terra. O seu espelho faz com que o ser humano não esqueça as suas origens. O seu passado é repaginado, repassado, esmiuçado e debatido. A sentença final das reencarnações vem com a aprovação dos deuses e dos homens embasados pelos códigos e pelas leis do merecimento, das comparações e das justiças.

O espelho foi criado e espalhado pelo planeta por mamãe Oxum. Os seres humanos deveriam, quando olhassem profundamente no espelho, melhorar a conduta, respeitar o próximo e evoluir moralmente. Esse é o objetivo do espelho: fazer com que o homem medite e transforme o seu interior. O espelho é o instrumento de meditação e para enxergar as mutações físicas e espirituais.

O ser humano utiliza o espelho como instrumento de sensualidade, estética ou embelezamento de atributos físicos. Tanto isso é verdade que, com o envelhecimento do corpo, ele se afasta do espelho para não ficar perplexo com o desgaste físico.

A rainha Oxum inventou o espelho para o indivíduo pensar e sentir quem ele é de verdade. Conhecer a si mesmo é o primeiro passo para entender e ajudar o próximo e, consequentemente, a humanidade. Viver a arte da vida, com necessidade de amar, ajudar e corrigir-se. O respeito ao próximo não significa se anular e sim se fortalecer no seu sentimento de amor à terra dos seus ancestrais ou à que você escolheu para viver e sonhar. Amar a terra é amar ao outro indistintamente. Só ela pode dar uma reviravolta em sua vida na busca e na realização de seus sonhos.

Mamãe Oxum é deusa, protetora do Brasil e libertadora dos sonhos e da alegria.

Ela proporciona equilíbrio emocional e espiritual aos seres humanos. A deusa Oxum é a mulher mais linda do universo. Uma rainha maravilhosa que criou o carisma e a estética espiritual nas mulheres.

Oxum caminha como Jesus Cristo sobre as águas das cachoeiras e tem poder para abençoar o planeta Terra inteiro com um simples gesto.

Seu coração de tão puro, bom e grato é a morada dos deuses. Uma deusa que abraça e protege o planeta Terra, e que com o seu espelho sagrado, banhado a ouro, evita guerras civis, distúrbios, revoluções e genocídios. Mulher de diálogo, protetora dos nascimentos e das mulheres grávidas. As crianças entregues a ela serão protegidas, abençoadas e admiradas pelo resto da vida e por todas as encarnações. Serão seres humanos justos, bondosos, elegantes e com amor pela ancestralidade.

Deusa da alegria, das virtudes e da paz. A elegância no seu sentido mais sutil e lírico. Atuando em todas as maternidades e penetrando nos sonhos das mães de convivência e amor com os filhos. Arquétipo de esperança, respeito e autenticidade.

Ela expressa o sonho e a realidade dentro de um contexto sagrado e eterno.

O amor das formas e dos sentimentos mais agraciadores e genuínos. Um sonho em cada pegada, uma realização em cada desejo e um rejuvenescimento em cada dia. As encarnações evolutivas são profecias nos lábios suaves de mamãe Oxum.

A deusa-orixá é determinante para a Lei do Carma. O poder dela é indescritível. Trabalhando junto de Ogum, conclama e materializa a paz e o diálogo entre os povos no mundo. Ela consegue olhar e sentir o mínimo e o máximo, da região mais pobre e simples ao país mais gigantesco e influenciador.

Este orixá é o amor e a justiça. Ambos estão atados ao cosmo energético e a teogonia humana e espiritual dela.

Nascida na África, escolheu o Brasil como pátria, vida, destino e moradia. Do Brasil para o mundo encarnado e desencarnado.

O seu feeling produz a sensibilidade mais sutil e representativa, purificando e a alinhavando para a aceitação do emocional dos seres humanos. Relacionou a sensibilidade com o olhar, o tocar e o falar. Formou uma classe única de seres bondosos, valentes e que tinham amor pela vida.

Ela arrancou o pessimismo e o mau humor de seus filhos e lhes deu uma nova vida. Criou um alicerce seguro de proteção espiritual e psicológica ao ser humano. Formou gerações de anjos iluminados e permitiu que os homens valentes também assumissem a sua sensibilidade, doçura e delicadeza.

Um simples gesto dela significa um passeio pelos lugares mais maravilhosos do mundo e a entrada na história e no sentimento de cada povo e nação. A justiça passada de uma forma sensível e a verdade não imposta, mas gradualmente colocada e manejada com jeito e sublimação. A verdade com sutil e ligeira coloração, para não chocar ou causar danos irreversíveis.

Uma guerreira que sabe lidar com um conjunto diverso de sentimentos e aceitações que causa a admiração das grandes almas do universo.

Criadora da mansidão no espírito do homem e concretizadora do término dos equívocos relacionados à educação autoritária e sem arte.

Somente ela sabe o sentido do pensamento dos homens de qualquer país, em qualquer época.

O pensamento humano não é separado e sim aglutinado com a sua beleza e sensibilidade. O pensamento tem uma coloração equilibrada, moderada e sujeita a paixões benéficas e controláveis, ao mesmo tempo em que produz um desenho positivo e liberto da alma. O seu amor racional a faz entrar em outros planos e estágios.

Estar ao seu lado é subir nas montanhas mais verdejantes e processar as jornadas mais incríveis no descobrimento dos segredos excelsos da vida em todas as suas ordens e esferas magnéticas e interplanetárias.

Através da sua imagem reluzida nas águas das cachoeiras, o ser humano se regenera e procura a mudança e a transformação ao encontro da verdade e da humildade.

Humilde, em seu colo repousam milhões de filhos e netos. Inteligência, elegância, doçura, determinação e fé são algumas das suas inúmeras virtudes para que ela atingisse os postulados mais altos na espiritualidade. Deusa criadora que tem poder para formar novos deuses.

Progenitora de deuses. Incumbida de sustentar a emoção do planeta Terra, ela sabe que a adolescência e a juventude são a base da formação de um ser humano consciente e seguro. E os protege, tanto físico como intelectualmente com a sua atenção carinhosa.

Mamãe Oxum acompanha espiritualmente Ogum e Xangô nas batalhas pelo bem, nos planetas celestiais. Com a sua força telepática e o domínio sobre os planetas habitados e inabitados, ela produz uma energia fluídica tão pura e positiva que o homem comum da Terra se sente preparado para receber a centelha de Deus. A autoestima do ser humano equilibra-se na sua realidade e no perispírito divino.

A beleza da sua imagem moldou a forma e a beleza dos humanos na formação do DNA e no desenho do corpo espiritual. Um símbolo de mulher e da vida em sociedade.

É a representante dos nossos sonhos poéticos e adivinhatórios. Através dela o planeta Terra passou a ter um significado evolutivo, com um sentido de moral e ética acima das facilidades mundanas.

Esta gigantesca mulher, africana, linda e bela, foi a que permitiu que o espiritismo fosse estendido, compreendido e interpretado pelo mundo. Ela permitiu e apoiou a divulgação do espiritismo kardecista na França, no Brasil e, consequentemente, no mundo. A umbanda e o candomblé também tiveram a sua aceitação e toda a sua contextualização explicada e explanada aos seres humanos. Criadora, divulgadora e familiarizada em lidar com realidades problemáticas e salutares. Transforma ouro em prata e segue o seu cântico na cachoeira.

Pioneira, santa e deusa, suas derivações espirituais e proféticas atuam sobre todas as religiões e os sinônimos de religiosidade. Cada meteoro, estrela e a própria atmosfera foram sendo moldados pela percepção e sutileza de mamãe Oxum. A África e o Brasil unidos em um sentimento único de arte e amor.

Seus dengos, mimos e chamegos são instrumentos e armas de proteção aos casais, namorados e apaixonados. Ela prioriza o amor e o equilíbrio na vida a dois. Os tempos verbais se interagem incessantemente, criando formas e símbolos de compreensão do pós-morte. Quando ela toca na cabeça de um de seus filhos, a paz, o equilíbrio e o amor se fixam nos seus pensamentos e na sua alma. O planeta Terra é extremamente dependente do amor desta deusa.

O amor, a proteção doce e a sutileza produzem forças curativas e regenerativas simplesmente fantásticas.

Ela combate as doenças patológicas, físicas, psíquicas e espirituais acolhendo com amor infinito e carinho aconchegante o sofrido povo brasileiro. É algo indescritível a sua sabedoria. Uma verdadeira regente dos poderes que o diálogo e a atenção possuem na alma humana. Com a sua dignidade cura qualquer enfermidade. Mamãe Oxum, a guardiã do Brasil.

Os deuses Omulu e Oxum trabalham com uma intensidade fabulosa, reorganizando todo o panteão divino nas suas diversas categorias, naturezas e realezas. Possuem devoção e disciplina magnetizadora com suas falanges que reequilibram o tempo e o espaço. Os deuses se conectam na seara curativa de todo o universo.

Mamãe Oxum executa o consolo construtivo que reacende o desejo de viver, amar e ser amado. Essa recuperação completa do emocional somente ela consegue colocar em prática.

O tempo é senhor da razão e dos encontros espirituais nos planos superiores. Projetando e criando o equilíbrio entre encarnados, ainda presos à matéria, e espíritos desencarnados livres e angelicais.

A medida do equilíbrio, a justiça amorosa e o senso de perseverança esparramam-se pelo colo de seus filhos. Sua sensibilidade, o entendimento e a compreensão dos segredos e mistérios do universo mobilizam os espíritos de todos os planos e mundos formados no tempo e espaço. A arqueologia do tempo espiritual desabrocha dentro da sua realidade e natureza mítica e transcendente. Participante do sono físico, trabalha os sonhos de acordo com a necessidade dos homens e consequentemente faz diminuir a dor da vida dentro do próprio carma.

A Deusa Oxum na astrologia é a que rege, governa e domina o signo de câncer. Senadora dos inconscientes humanos, concedendo o sentido de ancestralidade na construção biológica da espécie, ela sabe o momento adequado em que deve enfrentar, dirimir ou afugentar os maus espíritos causadores das depressões obsessivas e da esquizofrenia mórbida. As crises passageiras, mas que podem abalar o homem causando a perda da memória ou a tentativa de suicídio, são problemas que ela sabe e gosta de resolver, libertando os seus filhos da decadência absoluta.

As crises de depressões agudas existenciais são resolvidas com a hipnose momentânea da alma fora do corpo e com uma profunda afeição pelo paciente. Utilizando racionalismo e ciência espiritual diante da realidade que se avizinha, obtém resultados excepcionais de cura, que tanto pode ser instantânea como gradual.

Jovem e bela, tem a experiência do tempo, da segurança e da própria criação. Esse tempo é separado e organizado em fases para estudos, análises e exames de consciência do indivíduo. Esse tempo é pensado também dentro da evolução dos espíritos quando encarnados e no instante do desencarne.

A sua procura pela evolução (obra maior do pensamento), depois de refinada pelos estudos analíticos, são teoremas de concepções intergalácticas. Pode ser considerada um ser de outro planeta, pois trabalha as sinergias do espaço com as conjecturas do corpo físico, dissolvendo traumas com a ideia de liberdade depois da perda da matéria. Seria um desacoplamento dos sonhos com os seus resquícios que podem refrear a missão da arte na vida do ser humano.

Trabalhando o apuramento do intelecto e fornecendo criatividade aos homens, ela fez uma limpeza nos pensamentos autodestrutivos, enfrentando espíritos obsessores e fracassados nesta guerra infinita em outras esferas mais consistentes, densas e com mais poder de tecnologia do que o planeta Terra.

Os seus filhos possuem maior propensão e flexibilidade para o pensamento mais elaborado. São seres especiais, que são aprimorados e predestinados.

Os filhos da deusa Oxum nascem com uma grande vocação para ajudar, fazer amigos e aconselhar. Quem segue os seus conselhos obtém a luz do universo e realiza com louvor seus objetivos.

Os filhos de Oxum são prestativos e despojados de frivolidades. São os principais propagadores da sua filosofia de amor e dignidade. Quem é dessa corrente espiritual tem o amor correspondido e atinge o céu na terra.

As palavras para os seus filhos possuem peso e sentido. A vida — suas dimensões, seus graus e suas seleções naturais — tem comprovações entre todos os seus seguidores. A reencarnação comprova o seu ideal como ser divino.

Ao citar e repetir o nome de mamãe Oxum, os caminhos se abrem naturalmente. Quando mamãe Oxum criou o mundo, moldou o ser humano em dois tipos e formas sentimentais e amorosas. O primeiro é o que consegue e foi preparado para o amor; e o segundo é o que recebe o amor, desenhado e imbuído de poderes mágicos. Ambos dotados de sensibilidades de entrega, doação e evolução.

Seus filhos, a partir do nascimento, encontram a razão da própria existência. A pureza do amor sendo direcionado para todos os âmbitos. É o amor voltado e devolvido com o estímulo da liberdade e do respeito. "Eu recebo o presente para devolvê-lo na procriação sadia e na conduta moral ilibada".

Ela ensinou e propiciou o rumo certo aos seres e como pautar o caminho das paixões, do amor e da sabedoria. Sua realidade exposta é um conjunto literário de sabedoria e compreensão. Um enigma decifrado e indecifrado, um mistério com mais de dez mil anos e o sabor do mel mais puro e santificado que possa existir.

Ela é reunião dos sentimentos mais nobres no coração dos apaixonados. O néctar mais rejuvenescedor e o prazer do sentir mais venerado pela essência e excelência do mundo espiritual e dos planetas invisíveis.

Na vida, ela reorganizou o sentido mais equilibrado do convívio humano, posicionando-se contra qualquer método ou forma de discriminação ou exclusão.

É a rainha dos sofredores e que se sentem marginalizados. No seu campo magnético de deusa e criadora, formou linhas, discípulos e legiões de defensores da justiça e do respeito às diferenças em todos os níveis, graus e âmbitos.

Formadora e descobridora do amor, da complexidade de gostar e da importância do ato de sentir sensações milenares e instintivas, adaptando o mundo dos sonhos e da utopia à realidade dura e definidora do mundo competitivo. Deu remelexo ao proceder, pensar, sentir e se revelar como instrumento dos sonhos e das dimensões oníricas. Conhece a alma do brasileiro como ninguém.

Divinizou o impossível e dialogou com os seres mais sofredores e dependentes. Formou um nível de compreensão sem a hierarquia do domínio e conseguiu ser a mais coerente neste embate de forças entre o dominado e o dominador.

Equilibradora das forças entre as sensações e as impressões das contextualizações entre realidades e distopias. O poder é respeitado com a sua hierarquia sensibilizadora.

Essa guerreira é a união entre os dois polos divergentes; entre duas contendas imaginárias, reais e contextuais.

Oxum é a rainha do consumo inteligente, criterioso e evolutivo. O consumo como forma de encontrar o seu equilíbrio interior e libertar o ser do seu ego, sem a interferência do politicamente correto ou da imposição de outras realidades ideológicas ao Brasil. Ela sempre esteve muito acima dessas brigas mundanas. Com os seus colares e as suas pulseiras, ela retirou todas as moléstias e maldições do mundo.

A sua retumbante calma e beleza fazem-na uma deusa para pensar, realizar ou solidificar a presença sensível e carinhosa do sexo feminino na realidade interplanetária.

A construção da beleza feminina — com os seus enfeites e adornos; seus luxos e mimos — adquiriu o próprio empoderamento com a magnitude e o consentimento de mamãe Oxum.

O mundo da vaidade passa a ter sentido moral com a formosura física, o seu rosto escultural e os pensamentos altruístas.

O seu olhar profundo, com mistérios milenares, penetra no espírito do ser humano. Os recônditos da alma são desvendados, ajustados e equilibrados.

Na sua concepção interplanetária, tem o Brasil como sentido, vida e realização. Carrega em todas as suas mutações uma enorme legião de espíritos realizadores que vêm em auxílio dos mortos e vivos. Potencializadora das verdades da alma, indiscutivelmente produz em cada velha jornada um recomeço.

Mamãe Oxum é a Nossa Senhora Aparecida. Rainha, deusa, santa e mãe, mas com outra roupagem e vestimenta espiritual. São duas imagens em uma só.

Uma deusa que de tão boa, sensível e educada faz o mundo sorrir para ela.

Diretora dos destinos do mundo, professora dos necessitados e escola da vida para os seres humanos, Mamãe Oxum realiza os seus feitos com extremo poder de zelo, silêncio e carinho multiplicado. É a dona do Brasil.

MITOS E LENDAS DE OXUM

LIBERTADORA DAS MULHERES

Mamãe Oxum foi a primeira feminista da história, sem que essa definição terminológica estivesse em voga, rebelando-se contra o excesso de domínio dos deuses homens no panteão da humanidade.

Esse predomínio de deuses masculinos impedia as deusas mulheres de terem uma realidade mais participativa na construção dos planetas, incluindo a Terra, e dos homens.

Com a sua ira e a sua força mental, ela fez com que todas as mulheres, aprendizes de deusas, não tivessem mais nenhum contato, nenhuma relação ou intimidade com os deuses homens.

Cansados, arrasados e esgotados, os deuses do panteão afro-brasileiro e universal pediram desculpas e ajoelharam-se aos seus pés, clamando para que ela revogasse a lei, arrependidos da sua conduta machista.

Atendendo ao pedido da rainha Oxum, os deuses se propuseram a serem doces e a respeitarem a força e o poder das deusas do candomblé e da umbanda. Assim, a vida voltou à sua normalidade nas nações, e os deuses — homens e mulheres — puderam procriar.

Para ser a deusa maior, ela teve que desafiar, exigir e dar o seu grito de libertação.

OTIMISMO

A falta de otimismo e esperança ia destruindo e definhando os seres humanos. Pessimismo generalizado em todos os pensamentos, em todas as reflexões e ações. Uma nuvem de tristeza e má vontade predominava na espécie humana. Muitos tramavam a favor do pessimismo para mergulhar a sociedade em um inferno. O caos era o principal objetivo dos crápulas, que minavam as realidades culturais e competitivas da sociedade para atrofiar a criatividade e o prazer da vida na população. A insensibilidade e a falta de sorriso e camaradagem vigoravam. As rivalidades e os confrontos dilaceravam as instituições e os homens. Todos, indistintamente, antipatizando e brigando contra qualquer tentativa de melhora. Uma guerra civil estava próxima de acontecer no país. Eis que chega a deusa Oxum, com a sua inteligência e sabedoria e sem conflito ou contendas, joga uma poção mágica dentro do caldeirão da vida e cria o poderoso remédio natural e mais virtuoso, que é o otimismo.

O otimismo foi criado, pensado e utilizado para que o ser humano possa ser feliz, equilibrado e encontre prazer e satisfação no convívio mútuo. Os casais voltaram a se amar, as inimizades tiveram fim, as famílias se uniram e os conflitos de todos os âmbitos e todas as formas cessaram. O mundo começou a sorrir e a verdade veio à tona: só existe progresso com confiança, otimismo e amor a Deus. Mamãe Oxum cumpria a sua missão.

AMOR AOS SOLITÁRIOS

A Deusa Oxum é a única que pode encontrar um amor ideal ao homem solitário. Os homens solitários são seus filhos prediletos.

Ela encontra a mulher definitiva e que se adapta a esse comportamento solitário. Com a deusa Oxum não existe infelicidade, desconforto ou solidão, ajudando o homem a ter consciência, juízo e a viver o seu amor sonhado e eterno.

- **Data festiva**: 8 de dezembro
- **Bebidas**: champanhe e água pura.
- **Cores**: azul, dourada e amarela.

- **Locais de recebimento de oferendas**: cachoeiras, lagos, açudes e rios (águas calmas).
- **Sincretismo religioso:** Nossa Senhora Aparecida, Nossa Senhora das Candeias, Nossa Senhora da Conceição, Nossa Senhora de Fátima, Nossa Senhora de Nazaré e Nossa Senhora de Lourdes.
- **Símbolos**: leque de metal dourado (abebê).
- **Saudações**: Ora yê yê ô!
- **Dias da semana**: sábado.
- **Plantas**: folhas-de-feiticeiro, rosmarinho, bem-me-quer, manjericão, cebolinha branca, agrião- do-pará, erva-cidreira, vassourinha-de--botão, ervilha-de-angola, erva-de-santa-maria, gengibre zingiber, brio-de-estudante, calêndula e jasmim (sem utilização desta erva para banho).
- **Flores**: lírio e rosa amarela.
- **Metais**: ouro.
- **Pedras**: topázio (azul e amarelo).
- **Oferendas**: moqueca de peixe e pirão (com cabeça de peixe), batata frita e quindim, feijão com dendê e cebola, cabra e pomba.
- **Guias**: dourada, azul e branca.

DEUS LOGUN EDÉ

O portentoso deus-menino. Leve e voluntarioso. Rebelde e dócil. Guerreiro intrépido e sábio. Logun Edé é filho de mamãe Oxum e de Oxóssi. Aquele menino-homem do mundo e da casa.

Comprovou a sua força e adquiriu o respeito dos outros deuses através de provações e de muita determinação.

As suas provas foram dificílimas, e somente um Deus da sua envergadura poderia superar os desafios e os obstáculos.

Ele se tornou deus por merecimento. Combateu em campos de batalha, curou milhões de doentes, salvou milhões de vidas, construiu civilizações, parou guerras, revoluções e jamais permitiu que os genocidas tomassem conta do planeta Terra.

No lar, é a criança que acalma, alegra e brinca com a família. Na família, é a paz e o sentimento de ternura. Menino faceiro e orgulhoso de sua bondade e principalmente por ser sabedor que ele é o retrato mais fidedigno da essência da fé e da felicidade.

Ele é a criança abençoada que acalma as brigas, as contendas e as desavenças entre os casais.

Este homem-menino-guerreiro, invencível das injustiças da vida, coloca o amor nos corações de pedra dos homens de gelo. É o deus da adaptação e mutação. Carrega as virtudes dos seus pais, Oxóssi e Oxum, sem perder o seu espírito criança.

A sua gênese de rei é patente nas suas atitudes justas e seguras. A sua atuação nos destinos humanos é uma realidade bem perceptível e palpável. Um protegido de Logun Edé tem percepção sobre o sentido da vida. Pensa, age e se posiciona com equilíbrio; possui a sensibilidade sutil das transformações tão necessárias para enfrentar a vida.

Deus da união e protetor da família, Logun Edé é a ligação amorosa e sentimental entre os casais. É ele quem não permite nenhuma forma de separação, discórdia ou conflito. Recuperador de relacionamentos fadados ao fim, ele faz com que a vida do casal tenha rumo e sentido.

Desde criança, ele acompanhou seu pai nas trilhas, caçadas e nos desbravamentos pela floresta. O Deus Oxóssi foi o desbravador das terras brasileiras, alargando as nossas fronteiras ao lado dos fiéis indígenas e brasileiros. O seu filho o acompanhou nesta dura, difícil, corajosa e triunfante missão.

O Deus Oxóssi ensinou a Logun Edé a importância do Brasil na esfera terrestre e espiritual. Sua mãe, a deusa Oxum, lhe ensinou a arte da culinária, da decoração, da escultura e da pintura. Nosso homem-deus Oxum e menino carrega as características do pai e da mãe.

Ao mesmo tempo que é o deus do poder, não gosta de arrogância ou prepotência. É o protetor dos excluídos e renegados. Não julgar, não apedrejar e não caluniar. Saber pensar e se posicionar com racionalidade, justiça e amor em cada polêmica ou discussão. É o rei da diversidade.

Logun Edé, nas suas andanças e transformações pelo espaço, nunca deixou de ser um terráqueo que se torna deus e protege os que possuem posturas, mentalidades, comportamentos e costumes diferentes. Todas as transformações fisiológicas e psicológicas têm como base e fundamento sua raiz e seu comando.

Os estrangeiros ou exilados por qualquer motivo são também integrados na nova terra (pátria) por ele. Um gigante nos embates ou nas discussões. O seu nome carinhoso tem grande ressonância no Brasil e principalmente na Bahia.

Na sua natureza se destaca uma personalidade forte, indomável, mas, acima de tudo, carinhosa no tratamento com o povo.

Os seres carrancudos, intransigentes e que abraçaram a ignorância são os seus oponentes e adversários.

Logun Edé transforma e modifica a mentalidade dos seres sem coração, sem comedimento econômico e escravos de almas. Ele faz os doutrinadores aprenderem os caminhos da sabedoria e o bruto e insano encontrarem o caminho do equilíbrio e da ética.

É um exemplo de filho em todos os sentidos pensados e analisados. Deus que se transforma na sua mutabilidade cosmogônica em todas as fases e os graus reencarnatórios no seu campo evolutivo. Protegido de Oxóssi e Oxum.

Esse salto de honra e elevação na troca de proteção entre ele e seus pais é uma das páginas mais bonitas da história das religiões. São momentos significativos, sublimes e dignificantes nas ocorrências interplanetárias entre os deuses.

São notórios os combates e as guerras que ele travava ao lado do seu pai na proteção de seu povo em Edé, antiga cidade da Nigéria, atualmente chamada de Estado de Oyo. Os inimigos da paz, da bondade e da justiça tinham como objetivo dominar esta cidade e escravizar o seu povo. Logun Edé, Oxóssi e Oxum jamais permitiram ou aceitaram qualquer acordo que eliminasse a pátria ou a população, liquidando seus sonhos. Esta família uniu harmonia, paz, solidariedade. Mas, se preciso fosse, para defender a sua soberania e autonomia, eram os primeiros a lutar nos campos de batalha. Uma família irretocável e sagrada.

Este menino-homem-deus tinha inúmeros atributos virtuosos, dentre eles, a moral ilibada, a verdade dita e pensada, a compreensão do que é a liberdade e a coerência da hierarquia que mantém a religião viva e vigorosa.

O Deus Logun Edé irradiava em sua beleza física algo fascinante e revelador. Sua impactante beleza derramava luz, paz e positividade para quem o olhasse. Beleza que derrubava qualquer ordem antinatural estabelecida. Uma beleza poderosa e sutil.

A sua expressão facial tinha um mistério único; o seu sorriso possuía uma coerência transparente e tênue; e o seu olhar representava o tempo de mil reencarnações e mil nascimentos de oceanos, luas e estrelas. Ele tinha a sedução da pureza, do amor e da bondade infinitas em seus sentimentos. Bilhões de seres humanos são filhos espirituais de Logun Edé, mesmo sem saber, ter consciência ou noção exata de sua gênese divina.

Este deus-orixá tem uma elegância doce e gratificante. Uma elegância na gestualidade, no andar, pensar e ao se sentar. Um verdadeiro príncipe.

No seu jeito peculiar, a elegância é decorrência de sua dignidade. Comportamento e postura ganham um novo ritmo de beleza e encantamento. Ele é o soberano da arte do benéfico encantamento. Não tem nenhum excedente do belo em seu corpo. Tudo é no limite e da forma mais natural, segundo leis evolutivas criadas pela sua família de deuses africanos e brasileiros.

Possui uma beleza móvel, ágil e balanceada, protegida pelo sopro do mar e dos ventos praianos. As águas das cachoeiras e dos rios são algumas de suas moradas. A água é um dos seus principais instrumentos na magia das transformações de menino para homem e consequentemente para idoso. O menino e o velho em um raio de luz. O menino e o velho em um raio de luz. O menino e o velho simbolizavam a vida, com o ímpeto do jovem e com a sapiência do mais velho. Um rio que reflete o tempo e a eternidade repassados nas vidas e nas rotinas dos seus filhos.

Os rodamoinhos e as turbulências que vão moldando uma história de vida entrelaçam Logun Edé menino com o tempo das claridades imortais. A sua presença no campo da matéria biológica e espiritual faz da moderação um meio de vida. Ele faz com que as várias personalidades de um ser humano se harmonizem com o deus Oxalá.

A capacidade e a vastidão de seu poder espiritual fazem com que as crianças tenham o seu mundo de fantasias intacto. Nas diversas fases do indivíduo, ele faz com que a qualidade do amadurecimento chegue com lucidez e pureza.

A sua identificação com a população brasileira sempre foi natural e impulsiona uma vida livre e feliz. A sua beleza tem um estilo envolvente, que coloca o aspecto mais lírico do belo ao dispor do pensamento. A beleza de fácil absorvência e com entendimento das diversas personalidades humanas e espirituais.

Este deus-orixá tem um profundo respeito e amor pelo Brasil. Com os outros deuses do panteão, ele protege e guarda o Brasil das crises, guerras e dores.

Único deus que é menino e homem mutante. E através deste binômio — reflexão-espírito —, ele evolui a moral e a ética de toda a população mundial.

Na sua beleza encontra-se a utilidade da pureza, da ingenuidade e da inteligência — três pontos formidáveis na reconstrução humana.

1 – A busca pelo passado.

2 – O equilíbrio do pensamento humilde e reflexivo.

3 – O menino-deus ensinando os homens na Terra e os deuses-orixás.

4 – Logun Edé colocando a mansidão na mente dos perturbados e tresloucados, e fazendo os casais distantes e frios se reencontrarem na linha da imortalidade e da estrada evolutiva.

5 – Amparar os desajustados e fazê-los recomeçarem suas vidas pelas leis do amor e da moral.

6 – Faz com que o ser humano enxergue a verdade da paixão e a verdade do destino.

7 – Libertar o homem das pressões e opressões psicológicas e físicas.

É o deus dos resultados e das transformações estruturais e conceituais em todas as fases e os ciclos do tempo.

A sua capacidade de pensar o Brasil de todas as linhas e os métodos sociológicos e históricos faz dele um exímio analista de toda a sociedade e dos seres humanos individualmente. Deus mutante que observa, sente e age, se adaptando a todos os tipos de vidas e realidades.

Ele destina atenção e carinho a todos os seres humanos indistintamente, em qualquer continente e local do globo. Mas o Brasil é a sua referência e pouso sagrado. No Brasil, a sua presença faz o mérito resplandecer. É nesse país que Logun Edé se posiciona para libertar os seres humanos dos espíritos obsessores e sofredores. Nosso deus-menino tem poderes sagrados. As leis do carinho, do amor e da verdade são a base de sua formação.

Logun Edé criou a ideia de unidade familiar, moral e ética, com a meiguice de uma criança e a sabedoria dos mais vividos. Este conjunto de características o define como um deus polivalente e politeísta.

Os deuses Oxum e Oxóssi são seus amados pais. Natureza, convívio, vocação e genética o transformam em deus. Um deus multiforme, com a flexibilidade do tempo e da regeneração.

Um deus-menino que abraça e ama, com poderes para formar nações soberanas e felizes. Logun Edé sente o Brasil nos seus mais recônditos sentidos de alma. Do Brasil para o planeta Terra; do Brasil para o cosmos.

Este símbolo afro-brasileiro é o recondicionador das emoções do povo. Sem ele o desequilíbrio emocional tomará conta do povo e reverberará por toda a nação. É o deus-orixá que cuida da linha da classe média, baixa e alta. Ele não permite exageros e nem excessos com investimentos, gastos e alerta sobre os orçamentos familiares. Um protetor das economias do lar e das investidas vultosas.

Este príncipe-deus conseguiu equilibrar o sentimento humano em períodos distintos da sociedade. De sua relação com os cometas, planetas e as estrelas criou a espécie humana e a acompanhou, sempre ajudando, auxiliando e protegendo toda a sua evolução. É o deus-orixá da prosperidade. Quando seus filhos merecem, ele não faz por menos. Ajuda com afeto e firmeza.

Seus filhos obtêm a vitória, pois ele é o guardião do lado inocente e agressivo do homem. Mesclando as duas partes, nasce um profissional perfeito: disciplinado, resistente, criativo e dedicado.

Quando Logun Edé começa a pensar, Oxóssi aparece e realiza suas missões através do seu próprio filho. O mesmo processo acontece com Oxum. Nessa metamorfose e metalinguagem cármica, essa missão de amparar a humanidade e guerrear contra os espíritos da discórdia é de uma grandeza incomparável e de difícil e complexa assimilação para os humanos.

Ele é o jovem amigo de todo peregrino. Um companheiro próximo e atento na trilha da libertação das almas. É o anjo guardião, guerreiro e menino que se torna deus da paz e deus da guerra, de acordo com o merecimento da coletividade e das injustiças cometidas por uma nação.

Este deus-orixá é eternamente jovem, opulento e poderoso, que possui na vocação metafísica e na magia o feitiço físico-químico de poder mudar e transmutar-se em qualquer ser animado e inanimado, conseguindo com milhares de variações o caminho para a evolução das espécies.

Em uma de suas formas, com suas roupas de seda, seus colares e apetrechos de ouro, seu arco de marfim e seu capacete com penugem azul-anil, roxa ou branca, simboliza a fidelidade humana aos deuses da África. Em outra imagem, ele aparece sentado em uma pedra no meio de uma cachoeira, apaziguando os homens, as águas e a vida. Mil formas de encontrar a essência do homem esparramada pelo mundo, para juntá-la definitivamente.

Em outra forma propagada na Terra, Logun Edé é um dançarino malicioso, cheio de ginga e com um balanço de corpo de um genial mestre-sala experiente da escola de samba do carnaval carioca. Através da dança, ele limpa a alma dos sofredores e afasta os espíritos doentes dos homens de amor no coração.

Nosso deus-menino faz da dança compassada um escudo contra as invejas e as maldades dos homens e rompe a ligação desses espíritos sofredores com os planetas inferiores (umbrais em diferentes graus e níveis). A dança é a reconstituição do planeta Terra. É desse modo que este deus, filho de Oxóssi e mamãe Oxum, regenera os seres humanos e recupera as suas vontades pela ânsia construtiva de viver.

Logun Edé é o sonho que se tornou realidade. O desejo maior de seus pais. O rebento que se tornou um deus. As várias mutações de um herói da Terra e do espaço. Mais que santo, mais que anjo, simplesmente deus. O incomparável Logun Edé. Um deus que não se coloca acima dos homens, mas sim um deus que dialoga, participa e interage com a população na mesma sintonia, no mesmo grau e plano. Um deus que está em cima, ao lado e na frente, sofrendo as agruras e os traumas sem temer as reações cármicas pesadas do ser humano.

Ele sabe como deve proceder um deus. Sem o palanque e o Olimpo dos deuses. Está acima de tudo com alma lustrada pela consciência criativa universal e estrelada pela força emanada da memorização das galáxias nas esferas superiores. Orixá que não se acomoda no Olimpo. É a força vital dos cristais, das pedras, das águas, florestas e montanhas. Preparado nesses ambientes naturais e de grande poder evolutivo, nosso herói afro-brasileiro implantou o amor pelas cidades e as metrópoles na nação verde e amarela.

O deus Omulu sempre olhou com carinho protetor para Logun Edé. A preparação dele se deu com o seu pai Oxóssi e sua mãe Oxum, sob o olhar e o escudo de Omulu.

Se não tivesse o amor e o acalanto de Omulu, nosso herói não seria um deus-menino com tanta força, maestria e pureza.

Deus Omulu derruba os rivais maldosos de Logun Edé, abrindo os seus caminhos e as possibilidades que a sua missão como deus-menino requer, para poder adentrar no orixá criador e legitimar sua própria legião de libertadores. Criador, criatura e realização.

Logun Edé fez de sua vida terrestre e espiritual um manancial de virtudes e sentimentos puros, eternos e imortais.

MITOS E LENDAS

LOGUN EDÉ ATINGE A SABEDORIA

A preparação para Logun Edé se tornar um deus começou com o seu pai Oxóssi e sua mãe Oxum. Aulas de aritmética, sociologia, patriotismo, oralidade, filosofia, educação moral, dança e filologia fizeram dele um mestre inalcançável. Um verdadeiro e cuidadoso pensador e pesquisador. Nas artes da luta, ele aprendeu com Ogum o ritmo e o balanço da guerra. E com Oxalá como cuidar do equilíbrio entre os opostos na obtenção da paz. E tanto na guerra como na paz, Logun Edé demonstrava um poder e um conhecimento excepcional, completamente fora de qualquer padrão estabelecido. Foi um dos maiores mestres da cultura de todos os tempos, dotando os seres humanos e os seus filhos de extrema sabedoria intelectual.

A PROTEÇÃO AOS NECESSITADOS

Logun Edé é o orixá que mais estabelece um canal de comunicação e carinho com os necessitados. Em qualquer lugar, situação ou envolvimento, é ele quem procura transformar a realidade das pessoas e ajudar a encontrar o alimento, a moradia e o lazer. Este orixá consegue abranger todos os ramos da cultura, do prazer e conhecimento. É o deus da justiça e do merecimento. Nada passa sem um juízo normativo e real para este símbolo da irmandade no mundo. A sua beleza irradiada e tranquilizadora causa nos seres humanos uma vontade franciscana simplesmente maravilhosa de amparar e ajudar ao próximo. Saber se colocar no lugar do outro é a base do seu sentimento e de sua personalidade. Com essa sua postura, transformou-se no "Príncipe" das nações africanas.

DANÇARINO PODEROSO

Em uma tarde na Nigéria, os deuses-orixás se reuniram para conversar sobre a expansão religiosa do espiritismo africano (umbanda, candomblé e quimbanda) no mundo e se esqueceram de chamar Logun Edé para sentar-se e debater sobre o tema. Inconformado, nosso herói começou a dançar de uma forma fabulosa, encantadora e incessante durante 17 horas seguidas para os deuses-orixás, que ficaram embasbacados e enfeitiçados. No final da dança, todos os orixás estavam dormindo em um sono profundo. E Logun Edé, dono absoluto da situação, riu muito. Quando tudo se normalizou, os orixás sentiram e perceberam a importância dele e o elegeram "deus", igualzinho a eles.

- **Data festiva**: 19 de abril.
- **Sincretismo**: Santo Expedito e São Miguel Arcanjo.
- **Dias da semana**: quinta-feira.
- **Animais preferidos para convívio**: pavão, coelho e pássaros.
- **Cores**: azul e amarela.
- **Símbolos**: peixe, cavalo-marinho, capacete, arco, flecha, leque com espelho, espada e chifre.
- **Oferendas**: bode, porco, pombo, galinha-d'angola e galo, sem ser da cor preta. acaçá de milho amarelo, axoxô (milho cozido com fatias de coco) e ipeté (inhame, dendê, cará e camarão seco).
- **Oferendas com frutas**: laranja, melão, manga, coco e mamão.
- **Números prediletos:** 5 e 6.
- **Saudações**: Loci, loci Logun, meu Príncipe Guerreiro.
- **Locais de recebimento de oferendas**: jardins, florestas e tudo que contenha terra para assentamento. Rios e cachoeiras.
- **Flores**: rosas amarelas, girassol e lírios.
- **Metais**: bronze, cobre e ouro.

- **Pedras**: topázio e turquesa.
- **Plantas**: hortelã, lavanda, verbena, salsa e malva.
- **Guias**: azul e amarela.

DEUS OXÓSSI

Deus Oxóssi é um gigante, símbolo de dignidade, força e inteligência.

Um orixá que fez do sagrado um caminho na construção do homem e a sua relação com a natureza. A ecologia como instrumento de propagar a paz, o amor entre os povos e do respeito às pátrias e ao território. O planeta Terra servindo ao ser humano no caminho da evolução.

O caçador e o rei das florestas e matas. Um deus-orixá que formou a floresta amazônica no Brasil. O senhor soberano da raça e da valentia. Foi o forjador da valentia na criação dos seres humanos.

O trio de deuses — Ogum, Oxóssi e Xangô — comanda a coragem e a audácia no planeta Terra.

Nosso herói convicto simboliza toda a fauna e a flora mundiais. Tem um semblante de um gladiador alado com o seu arco e flecha de caçador inesquecível.

Imperturbável na sua missão de proteger, cuidar e zelar pelas florestas do mundo, este deus afro-brasileiro moldou o amor, o bem-estar e o sentimento de paz e aconchego quando adentramos as matas.

Nas florestas, conhece cada segredo, as artimanhas e armadilhas. É o sábio vigilante e sempre alerta contra os desordeiros, destruidores, gângsteres e falsos antropólogos que querem desnacionalizar a nossa gigantesca floresta amazônica. O deus Oxóssi é o criador, projetista e decorador da floresta.

A ideia que temos da estética, do culto e do sentimento integral e solidário com relação à floresta devemos a ele. A importância do pensamento cadenciado e lírico com a floresta também nasceu com este monumento divino. As selvas foram compostas por ele ao lado de Oxalá.

Oxóssi detém o conhecimento das partículas energéticas das células e das moléculas na composição do paraíso ecológico do universo. É na floresta que ele caça os animais que irão salvar o espírito do povo e alimentar toda a tribo. Um governador das selvas. Temido pelo mal, respeitado pelo homem e admirado por todos. Representa um dos maiores baluartes do mundo.

Em tempos imemoráveis, com a sua consciência iluminada voltada para a convicção da criação e do amor, formou alicerces de um novo tempo no espaço. Ele desenhou e redesenhou com a sua mente e seus raios eletromagnéticos as florestas e, através delas, formou o caráter dos homens.

Nas matas foram moldados o poder, a força e as emoções humanas, as utopias, os sonhos e os imaginários populares. Nas matas e no convívio diário com suas realidades exuberantes e perigosas nasceram as cidades e os modos de vida que revolucionaram a maneira de ser e pensar dos humanos. De um paraíso idílico à luta acirrada das disputas por poder. Do habitat das selvas para as competições das grandes metrópoles do mundo.

As lutas antológicas em benefício da humanidade sem interesses políticos ou partidários, o olhar comovido com a relação de sabedoria e solidariedade das matas são exemplos da sua vida, são o equilíbrio do universo, das forças ocultas, das consciências dos deuses e da ligação com a imortalidade da matéria e do espírito dos seres. As ordens evolutivas e o conjunto de atribuições das formas de equilíbrio do estado emocional dos homens estão estritamente atados ao seu destino de deus.

Os mistérios das florestas estão dentro de nós. Oxóssi nos deu este presente com o objetivo de atingirmos o caminho da alegria e da felicidade. A fluência dos sentimentos e a confluência das emoções na relação dos homens com a natureza, o tempo de maturação de um ser humano diante da vida e a postura do digno e humilde sertanejo são razões fundamentais na construção da gênese do imaginário brasileiro.

Deus Oxóssi inventou e uniu as tradições dos campos com as concepções de cidades, sem traumas, dores ou catástrofes. O deus Omulu, com o seu poder sobre a vida e a morte; a deusa Ossaim, com suas ervas milagrosas; e o deus Ogum, com as suas façanhas de transformar o destino humano em vitórias, formaram o templo da umbanda e do candomblé.

Esse quarteto sagrado e prodigioso é que purifica a alma das nações. Diretamente da África e do Brasil para o mundo. Inquestionáveis na sua forma de ajudar, auxiliar e curar.

Todos os homens que se aventuram, fazem trilhas e caçam nas matas trabalham com Oxóssi na cabeça, indireta ou diretamente, mesmo sem consciência do fato, ato ou sintoma do ocorrido. Somente ele protege.

Comandante supremo das falanges espirituais que protegem e dão vida às florestas, forma ideias e ideais sensibilizadores da lucidez. É o "Big Father" das florestas. Qualquer problema é com ele que se chega a uma resolução. Um deus que resolve problemas insolúveis. Basta pedir com fé.

A sua força envolve planetas celestiais e toda a energia dos elétrons, das moléculas e células, antes e após a criação. É um deus, rei e mito.

Um mito real e fatal no seu sentido de vida, morte, reencarnação e liberdade. Oxóssi nasceu e se fez deus com poderes avassaladores. Na Nigéria, na nação Ketu, é o rei. Pelas tradições de algumas linhas do candomblé brasileiro é o chefe, redentor, patrono e presidente espiritual. A sua chegada à Terra representou o verdadeiro nascimento do sentimento humano.

Na floresta, ele permanece durante sete meses, cuidando do equilíbrio energético da terra. É um deus-orixá que se corresponde com a solidão e com os pensamentos reflexivos. Nas matas, emana e exala sabedoria divina para todos os povos e as nações.

Nas matas, ele abastece o planeta de alimentos, buscando unicamente salvaguardar a humanidade.

As inúmeras qualidades morais de Oxóssi resplandecem quando se procura a essência da verdade nos relacionamentos e nos contatos entre os seres humanos.

Um deus pronto e preparado para o comando espiritual das galáxias. Ogum e Oxóssi são irmãos e moldam a dinâmica espiritual dos seres com a finalidade de deixá-los livres e com autonomia para a busca do livre-arbítrio.

O deus Oxóssi é o orixá que melhor sabe utilizar a energia ancestral. Ele é a divindade principal da floresta. E como deus fez da floresta um campo divino, santificado e encantado.

É o filho, pai e criador da floresta, em uma simbiose de formações de nacionalidades.

A ideia que temos das criações das pátrias como núcleos de amor, união e divisão de tarefas tem a sua gênese neste orixá fervoroso. Os maravilhosos indígenas do Brasil têm em Oxóssi o seu símbolo maior.

Na religião da umbanda ele é o comandante principal das tribos indígenas do Brasil.

As tribos indígenas o reconhecem como um deus presente, atuante e capaz de incorporar em qualquer elemento da tribo com o propósito de curar, salvar, motivar e desenvolver novas tradições, mitologias e lendas.

A participação dele na construção do imaginário popular do brasileiro na sua essência de aceitar a evoluída cultura indígena é preponderante.

Essa realidade é o principal ponto da relação entre o Brasil, a religiosidade, a ciência, a fé e o amor. Esse amplo conjunto de virtudes evolutivas compõe a vida dos seus milhões de filhos espalhados pelo mundo. É o Brasil de Oxóssi dentro de cada povo e país. A vida de cada brasileiro passa a ter maior sentido e muitas significações quando existe o reconhecimento dos indígenas como seres humanos plenos, completos e evoluídos.

O deus Oxóssi é a força emanada da natureza; e o animal que o representa é a onça pintada, presente nas nossas florestas. Na Nigéria, o animal mamífero que o representa é o tigre.

É um dos maiores deuses dos planetas e das galáxias. Dizem as estrelas, com os seus segredos ocultos e inimagináveis para os homens, que Oxóssi criou as florestas com o seu sêmen, fruto do amor pela deusa Oxum; e das selvas moldou a ideia do tempo, a forma humana, as forças psíquicas emocionais e o aparato intelectual e reflexivo dos seres. Irmão de Ogum e Xangô, é um desbravador de caminhos com a sua vasta coragem e a sua aguçada experiência. O seu arquétipo, símbolo e sentimento estão ligados ao arco e à flecha que carrega como instrumento de defesa, de ajuda e cura espiritual das nações. Com as suas flechas supersônicas, ele santifica e limpa o espírito de milhões de seres humanos.

A sua flecha a laser faz a terapia mais edificante, consciente e segura na população do planeta. Ele tem poderes inacreditáveis.

Quando o homem está tristonho, cabisbaixo e sem uma finalidade na vida, chama o deus Oxóssi e a mudança começa com o sentimento criativo e a necessidade de concretizá-lo. Um filho de Oxóssi tem a perseverança como significado maior.

Nas incorporações no centro de umbanda, na linha indígena (caboclos, pajés e índios de falanges, graus e linhas), a energia principal de transferência e apoio energético são representados por Oxóssi. Na mediunidade universal, a incorporação de Oxóssi e as de suas falanges (famílias) são leves, suaves, sentimentais e tranquilas.

A personalidade desse deus misterioso, que vai desenvolver a boa solidão e a meditação na população brasileira, é a de um ser sagrado que pensa e age com a ideia de desenvolver os povos na sua intimidade e no seu sentimento e sentido coletivo, equilibrando e distribuindo responsabilidades de acordo com a possibilidade de cumprimento de cada ser humano. Um trabalho grandioso e meticuloso.

Na floresta, Oxóssi tem poderes paranormais e supradivinos, multiplicando as suas existências em corpos físicos de animais ou nas coisas relacionadas às florestas (árvores, cachoeiras e cavernas) — fenômenos desconhecidos dos seres humanos. Possui os poderes do transporte e da transformação. A sua flecha é certeira. Sua mira é perfeita. Diz a lenda que Oxóssi tem apenas uma flecha para acertar o alvo. E nunca errou. A sorte, o destino das pessoas e a recriação do mundo estavam naquela flecha mística e mítica.

Um pássaro destruidor e venenoso estava matando a população da nação Ketu, com suas bicadas. Era um pássaro carnívoro que matava, trucidando o esôfago dos nigerianos. Foi a flecha poderosa de Oxóssi com raios nucleares que abateu e liquidou o pássaro demoníaco.

Ele é o deus da fraternidade universal. O deus Oxóssi é o único, ao lado do deus Ossaim, que enfrenta a quietude, os perigos e o pavor que uma floresta fechada produz nos seres humanos. É nesse ambiente que todas as realidades humanas são pesadas, medidas e avaliadas, refletindo o destino que é projetado ao homem. A lua é a companheira desse deus nas noites tenebrosas e cheias de riscos.

Neste conjunto de momentos eternizados pelo seu vigor emotivo e psíquico, a lua passa a dialogar com ele. Muito do seu conhecimento insuperável foi aprendido com a lua em seus ciclos. A lua é sua confidente. E o sol é o ato divino da criação e do fortalecimento do guerreiro. A lua na introspecção e nos pensamentos acerca do Brasil, da floresta amazônica, da África e do planeta Terra. O sol com a sua energia resplandecente e rejuvenescedora. Um deus-orixá com a força eterna da juventude. Criador e criatura de Deus. Dualidade complexa como o ritmo dos tambores feitos com a madeira das florestas tropicais. Ele é o filho de Iemanjá e que possui também poderes sobre as águas.

É o rei absoluto das caçadas nas florestas e nas águas, com o intuito e o objetivo de salvar pelo alimento as populações carentes, sofridas e desprotegidas.

Com o conceito do mito do caçador da floresta, esqueceram-se de que este mito poderoso é um atento, meticuloso e perito caçador nos mares e rios.

Há o desconhecimento e a preguiça dos seres humanos na busca pela história e origem espiritual da humanidade, pois não sabem e desconhecem que Oxóssi enfrentou e venceu monstros e dragões do mar em combates violentíssimos nas construções das praias e cidades da Terra. Esses monstros e dragões respiravam dentro e fora do mar e dos rios e tinham 27 metros de altura. Algo assombroso e inimaginável para os descendentes e dogmáticos.

O deus Oxóssi, com a sua beleza física, a sua face lapidada pelo amor e a sua cultura vasta, é considerado o símbolo da regeneração humana depois das catástrofes e hecatombes que mudaram o contexto geopolítico do mundo.

É um deus-orixá que fala a linguagem de todos os animais das florestas, sejam répteis, carnívoros ou herbívoros. Ele é o orixá responsável pelo cumprimento do dever e do direito da vida humana. Definidor de critérios e julgamentos, não aceita injustiças e violências. Um gladiador que sabe apaziguar e enfrentar os riscos e perigos. Para ser um deus com esse potencial, com essa luz energética e com fluidos de recomposições de pensamentos e reflexões, ele teve que pagar um alto preço: a incompreensão e o não entendimento de parte do mundo.

Na sua natureza habitam a altivez, a força física e o amor incondicional dos deuses imortais. Meio índio e meio negro, o Brasil é o seu principal centro de irradiação.

A umbanda produziu e fez a composição mais detalhada, minuciosa e apurada do homem e a sua relação com a selva e os animais. Uma espécie de São Roque para quem enxerga no sincretismo um elo de avanço e evolução entre os povos.

Este monumento da fé possui o olhar da onça em posição de ataque. Com variadas cores e variados brilhos, o poder e a atração do seu olhar amoroso e feroz são a única esperança dos cidadãos das grandes metrópoles de não perder a individualidade e o signo. É ele que impede a extensão da vaidade grotesca e oligofrênica dos poderosos nas despersonalizações de todas as populações.

Criou com o contato espiritual, a própria origem e envolvimento do homem com a floresta, formando um novo tipo de diálogo e entendimento. Exatamente como Ogum, que sabe comandar e lidar com os seus comandados. A liderança exercida com arte e competência, racionalidade e dinamismo.

A alta frequência criativa, que se origina do desejo de construir, valorizar e acrescentar virtudes ao ser humano, tem início no reinado de Oxóssi.

Com um toque de mestre, ele fez nascer nas cavernas da floresta amazônica a consciência do planeta Terra. Mantendo a individualidade intacta e impulsionando o mundo coletivo, formou animais e seres humanos.

A lapidação humana é consumida a cada dia com um jeito científico próprio das mandingas sagradas das quais somente Oxóssi detém o segredo.

A complexidade da construção celular dos seres humanos e a tomada de consciência espiritual e de espaço são as bases da realidade afetivo-amorosa e uma das principais realizações deste rei das matas.

Foi ele que introduziu a vontade do homem de morar nos campos, nas fazendas, chácaras e o contato mais próximo com as montanhas. É o ser humano voltando à sua própria natureza e encontrando pai Oxóssi de braços abertos à sua espera. Essa realização dos seres com o divino dentro do sistema capitalista de mercado e cotas é a principal forma de se desprender das amarras da estrutura de domínio mental da realidade de cunho cultural e econômica dos países supostamente desenvolvidos. Esse rompimento com o desejo de egoísmo de um coletivismo que maltrata a hierarquia é a marca registrada de Oxóssi.

A sua flecha carrega o dom da divindade, da adivinhação e da previsão dos acontecimentos futuros. Ele empodera os brasileiros e seus filhos de confiança e sabedoria. O Brasil se tornou uma grande nação a partir da magia dos seus apetrechos sagrados.

Oxóssi é o pai das novas civilizações que duraram pela eternidade. E o Brasil é o seu povo escolhido e preferido.

A forma e o modo como ele trata, aconchega e protege o povo brasileiro não encontram paralelo e nem parâmetros na história da espiritualidade e das religiosidades.

Este deus da África e do Brasil, com o sentido universalista da sua espiritualidade comunicativa, desbravou as mentes bloqueadas dos seres frios e calculistas.

Ele carrega em sua (psique - alma – divina) e em todos os setores da vida humana, alterando rotinas, encorpando vidas insossas e reincorporando as convicções escondidas dos inseguros, o seu sentido de dividir e de formar homens com personalidade e assinatura.

Este criador da espécie humana, das diversidades e do olhar arguto, livre e transparente na sociedade e nos países, formulou as leis de evolução espiritual dentro das florestas brasileiras. É de lá que remonta, em tempos idos, as leis, diretrizes e normas que guiam, auxiliam, protegem e libertam os seres humanos. Percebe-se com muita facilidade um filho de Oxóssi pela sua destreza, autonomia no jeito de pensar e ser, mas principalmente na lucidez artística e na improvisação científica. Geralmente, são gênios da humanidade ou talentosos ao extremo, dotados de sensibilidade incontestável.

O deus Oxóssi não deixa suas pegadas pelas matas e florestas, mas faz com que seus filhos bons e justos consigam marcar os seus passos sobre a terra. Na África, é conhecido como "Odé", no idioma yorubá. Ode significa e simboliza "O caçador".

Na África, mais precisamente na nação Ketu, é chamado de rei, epíteto; condecoração dada pelo povo dos vivos e dos mortos.

Oxóssi é a força maior da família e o seu representante nas reuniões e nos encontros em que é homenageado. Arriscando a própria vida nas caçadas homéricas para levar o alimento nutritivo para o lar, é o salvaguarda dos lares e o restaurador das tradições. E através da inteligência dele se chega à conclusão de que, na pré-história do homem, o grau de espiritualidade, de evolução moral e conhecimento filosófico e técnico eram gigantescos e superiores aos dos tempos modernos.

Um deus que possui um sentimento popular maravilhoso, sem perder a linha refinada de um mestre do Universo.

Sua subida no sopé da montanha, presenciando a sua criação e a imensidão das matas, é um dos mais gloriosos e emocionantes momentos dos raciocínios e dos sentimentos humanos. Aquele gigante com o seu arco e a sua flecha, abastecendo e alimentando o planeta de energias e vibrações, é uma epopeia de amor e fraternidade. Sua audácia, destemor e sabedoria na subida dos degraus espirituais da perfeição impulsionam o mais problemático e indiferente ser à vitória final.

Deus Oxóssi, com o seu cavalo alado azul, atravessa como um foguete as pradarias do céu estrelado para salvar os indígenas da dizimação. Uma legião de anjos querubins e espíritos puros o seguem. O índio Oxóssi sabe perdoar e ensinar o perdão. Não são todas as pessoas que possuem a capacidade e a sutileza espiritual de penetrar e entrar na qualidade vibratória dele.

Este mestre da vida e pai da sabedoria carrega o seu tempo de maturação, raciocínio elaborado e força magnética na sua estada na Terra. Ele constrói com o seu poder a união e a paz entre os povos. Foi dele a união entre Brasil e Estados Unidos.

A relação de Oxóssi com o ser humano faz com que o amor e a sensibilidade penetrem fundo na alma. Ele é um caçador de corações inflexíveis e petrificados para transformá-los em seres de imensa bondade e emancipação espiritual. Destruidor de cóleras e ódios, trazendo a energia vibratória das selvas e florestas para dentro de você.

O passado e o futuro pertencem a Oxóssi, o codificador das existências e o verdadeiro pai das teologias científicas. O príncipe das reencarnações. Está presente na água, no ar, no sol e no alimento. Combatente do fogo (bombeiro) nas florestas. É o regenerador dos espíritos caídos, cambaleantes e chamuscados pela odisseia da vida terrestre.

Um herói humano, eterno e imortal ao mesmo tempo. Deus e homem, criador e criatura. Princípio e fim. Definidor e arquétipo. Aquele que detém o cetro e o cálice sagrado. É o pai da existência. Um dos seus símbolos principais é o URUKERÊ, chicote feito com rabo de búfalo que ele carrega em sua mão direita. Esse é um dos principais instrumentos para a prática da magia na esfera humana e espiritual.

O URUKERÊ é o poderoso cerne místico que recarrega as baterias humanas nas relações entre os diferentes graus e níveis de aprendizagens.

A racionalidade do URUKERÊ nos desdobramentos vibracionais das coisas sobre os seres e sobre a implantação de novas realidades é a quinta-essência da complexidade das forças universais.

É o deus-orixá promotor dos sonhos na vida e na sociedade. Sonhos de uma vida ideal e de uma sociedade mais justa, equânime e fraterna.

O PROTETOR DA FLORESTA AMAZÔNICA

Oxóssi é o deus da floresta Amazônica. O protetor e o mártir que sempre combateu os inimigos que tentassem arrancar a floresta das esmeraldas do Brasil. A floresta amazônica sempre foi o tesouro mais cobiçado de todos os povos e as nações.

Nosso guardião colocava seus soldados de prontidão para combater os malfeitores com as suas flechas e os seus apetrechos mágicos. Combateu terroristas, bombas atômicas e venceu todas as demandas e contendas. Para proteger o povo brasileiro e a floresta mítica, ele derrubava até dez combatentes de uma só vez. A potência de suas flechas transpassava até dez corpos. Dissolvia seus cérebros e não permitia que destruíssem o povo verde e amarelo. Protetor dos indígenas e da população brasileira contra os ladrões de tesouros que entram sorrateiramente para roubar e matar, ele se tornou ao longo do tempo o deus maior; o orixá temido pelos bandoleiros e psicóticos.

Qualquer ser humano que entre na floresta amazônica pode e deve pedir proteção e permissão para o deus Oxóssi. O grande protetor da maior floresta do mundo.

OGUM, OXÓSSI E XANGÔ

Três irmãos que brigam, discutem e se digladiam por reinos e impérios, mas, quando precisam, se ajudam mutuamente e lutam pelo benefício e pela irmandade entre os povos, respeitando a soberania de cada um deles.

Esse trio criou povos e nações e principalmente a ideia de pátria e de amor à terra. As identidades ligadas ao país. São os criadores dos sentimentos e principalmente os professores da verdade absoluta e do mundo real. Através do convívio com esses três deuses, o mundo habitado passou a conhecer as palavras perdão, aceitação e compreensão.

Quando os três irmãos se unem, o planeta Terra fica bem conservado, guardado e amparado, cada qual com seus poderes, métodos, suas peculiaridades, magias e vivências. Os três orixás trabalhando juntos unificaram e continuam facilitando o entendimento do povo brasileiro, africano e mundial na aceitação da umbanda com o seu infinito manancial de conhecimentos, técnicas de pensamentos positivos e sabedoria vindos de todas as forças míticas e místicas do planeta sideral. A umbanda deixando o seu corpo astral próximo da concretização dos sonhos humanos na Terra. O novo mundo dentro de você é descoberto. E a vida atinge a plenitude na Terra.

FLECHA DO RENASCIMENTO DO MUNDO

A sua flecha tinha poderes ultragalácticos. Em um momento de fúria, combatendo as injustiças do mundo, Oxóssi pegou o seu arco e atirou a sua flecha a uma velocidade jamais vista. A flecha deu sete voltas no mundo adquirindo as energias e influenciando moral e magneticamente todos os planetas e astros. A flecha, depois desse trajeto monumental, voltou diretamente para a sua mão direita, e, através desse seu ato, o mundo passou a receber os mandamentos divinos dos deuses da umbanda. A partir dessa revolta santa, passou a ser denominado o "Patrono da Umbanda".

- **Data festiva**: 20 de janeiro
- **Bebidas**: cerveja natural ou clara.
- **Cores**: verde e branca ou azul e branca.

- **Locais de oferendas**: matas, florestas e beiras de praias.
- **Sincretismo religioso:** São Sebastião.
- **Símbolos**: rabo de cavalo, chifre de boi e arco e flecha.
- **Saudações**: Okê Arô, Okê Oxóssi e Odê Kokê maió.
- **Animais preferidos para convívio**: cachorro.
- **Dias da semana**: quinta-feira.
- **Números prediletos**: 4 e 6.
- **Plantas**: arruda, guiné, sabugueiro, funcho e mil-folhas.
- **Flores**: capim-cidreira, cipó-caboclo, carqueja amarga, ipê roxo, hortelã, folha de manga, manjericão e samambaia.
- **Metais**: Bronze. Tendo como instrumentos de caça e de guerra o arco e a flecha, construídos com madeira ou com qualquer metal.
- **Pedras**: turquesa.
- **Oferendas**: milho branco e amarelo, peixe de escamas, feijão, arroz e abóboras.
- **Rituais com oferendas (animais):** bode avermelhado, porco e galo.
- **Guias**: azul-claro, branca e verde-claro.

DEUS XANGÔ

O deus da justiça; o rei do equilíbrio e da serenidade. Controlador das emoções na busca e procura eterna por um planeta mais justo e humano.

O todo poderoso senhor da clava forte. Aquele que determina pela lei. É o cumpridor das leis de Deus. Um deus afro-brasileiro. Reconhecedor do monoteísmo e do politeísmo umbandista-candomblecista. Este gigante da justiça, destinou seus filhos a um estado de cultura, determinação, racionalidade e emoção fundamentais no momento do julgamento.

Xangô é o inventor da justiça como prática, ideia e concepção. Através da justiça é que todas as ideias e os pensamentos se articulam e se coordenam na busca incessante e construtiva de uma sociedade mais justa, segura e honesta, sem repudiar o princípio de patriotismo instalado na alma de todos os povos. A lei como princípio inato e natural da perfeição e da respeitabilidade mútua.

O deus Xangô plantou a supremacia de amor, da bondade e da justiça no coração humano.

As leis que Xangô criou, analisou, refletiu e simplificou mudaram a forma de o homem ser e pensar, se posicionar e sobreviver. O homem da Terra e cósmico é filho de Xangô. Ele foi o rei, deus e mito, e, com o tempo, recontou e recriou a história para não deixar o ser humano estigmatizado. Mito real, verdadeiro e unificador. É a divindade das tempestades, dos vendavais e trovões. Pai do fogo e das intempéries da natureza. É o guerreiro das causas sobrenaturais e impossíveis.

Aquele que produz sucessores com o seu machado iluminado. Ele é a razão empírica e metafísica da lei. A lei como instrumento hegeliano. A lei como instrumento de combate à opressão. A lei normativa que liberta na sua realidade concreta e na sua essência. A força da lei. O poder da lei. A abrangência da lei. A obrigação do respeito para com as leis, com a finalidade de a sociedade não degringolar. Xangô é a lei. A lei é de Xangô. Sem as leis não existiriam as horas, as disciplinas em todas as realidades psíquicas e espirituais, mas, principalmente, as funções orgânicas e fisiológicas seriam afetadas. Sem as leis da natureza todos os seres vivos seriam afetados.

As faculdades mentais de Xangô são fantásticas, com a maior capacidade reflexiva entre os deuses do planeta sideral. Esse fato consumado da intelectualidade de Xangô o coloca como o grande baluarte da junção entre a fé, a filosofia e os ritos de passagem. Essa é uma das suas propaladas virtudes, tanto como deus terrestre e justiceiro quanto como deus indivisível e criador das espécies vivas.

A justiça pensada e refletida, e não apenas baseada no instinto, tem a sua gênese neste deus polêmico e determinado.

Ele criou, produziu, expandiu e colocou na alma dos homens o sentido e o sentimento de justiça. Já no nascimento do ser humano, os seus atributos morais estavam presentes. A implantação da justiça para os homens na Terra está sempre em processo de aprimoramento.

O homem compreendeu a ideia, o modo de exercê-la e a sintonia que ela proporciona. O prazer de praticá-la naturalmente através deste orixá marcante e indescritível. Nosso deus Xangô abalou as estruturas do mundo selvagem, criminoso e corroído pela corrupção. Ele fez a revolução das consciências e do livre-arbítrio e suas consequências para os homens da Terra e dos planos espirituais.

O deus Xangô, tal qual Ogum e Oxóssi, combateu e derrotou a escravidão moral em todas as formas degradantes de humilhações.

Ele carrega e utiliza o machado como símbolo hermético e exotérico de evolução da espécie humana.

Nos idos tempos em que a maldade e o ódio prevaleciam sobre a bondade e a linguagem humana, surge o salvador com o seu machado para elaborar de acordo com cada indivíduo as leis da escrita, das consciências, dos discursos e das simbologias do inconsciente da humanidade.

Alto, com uma musculatura perfeita, negro, belo, imponente e com uma luz cobrindo e emanando do seu corpo, como se estivesse revestido de uma couraça iluminada, Xangô é o orixá mais procurado pelo sentimento popular de luta por justiça e respeito. Ele causa mudanças substanciais nos seus filhos em todos os quesitos da formação da personalidade e da moralidade.

Seus filhos se tornam professores e modelos de amizade, justiça e dignidade.

Utilizando dois machados de ouro em suas duas mãos abençoadas, formou naturalmente o mundo antigo, moderno e contemporâneo. Formou a gênese, o embrião e transmutou-se em todos os graus, níveis, mitos, folclores, contos, literaturas ocultistas, símbolos de tribos atuais e extintas que estão presentes em sua essência no âmbito universal. Possui a sua alma na simbologia concreta do machado espiritual, tendo a justiça como base, fundamento, tese e antítese.

Deus Xangô, o inquestionável. Está presente em todas as religiões e ciências teológicas existentes.

As ciências espirituais possuem como base metafísica a flexibilidade e o senso de justiça da presença reformista e revolucionária de Xangô.

Ele é um orixá do ensinamento. Um pai professor de todas as nações.

A natureza filosófica e concreta da justiça tem sua gênese na alma intrépida e valente de Xangô. Com o seu machado iluminado consegue, quando desfere o golpe, rachar penhascos, pedreiras e montanhas. Realiza suas ações expressivas utilizando a força inteligente, a destreza e a sutileza.

O seu semblante demonstra um homem-deus ou um deus da guerra. É o orixá que resolve, determina e altera uma vida insegura e sem brilho para um destino de sucesso e prazer. É o ponto fundamental da sua realidade como deus humano, imanente e condensador de emoções. Ele é o recuperador de doentes morais e entes desconjuntados espiritualmente. Pacífico e guerreiro, é o deus da justiça. O símbolo da justiça com uma balança equilibrada. Foi ele quem criou a onipresença da justiça na consciência dos homens da Terra.

Xangô revelou ao mundo a verdadeira justiça. A sua justiça tinha o princípio da evolução espiritual e moral. Era uma justiça sensata, com qualidade e sensibilidade. As punições e penas eram abrandadas e não feriam a alma, mas educavam e trabalhavam em todas as frentes e linhas dos diversos níveis, graus e categorias de espiritualidade.

Este gigante da cultura e da vida individual e coletiva educou, reeducou e sensibilizou a justiça para que esta prática chegasse aos homens do planeta Terra.

A sociedade antiga, moderna e contemporânea deturpou os princípios educacionais de Xangô. Essas deturpações criaram contradições e problemas na base da filosofia da justiça. Inverteram processos de saber, lidar, impor e implantar a justiça.

A justiça perdeu a sua sintonia fina com a voz do povo e particularizou atitudes e mentalidades. Na justiça atual do mundo ocidental, o radicalismo, o constrangimento e a ortodoxia dominaram sua realidade. O contexto geral e a justiça se desmembraram e fragmentaram os atos e os pensamentos dos seres humanos.

A ideia de poder ligado ao consumo — não como estrutura, mas como fundamento — é que criou as castas de gente vaidosa e dominadora separando a sociedade. E o planeta começou a descambar para o abismo dos traumas e aquecimentos. Com a ira de Xangô, o planeta Terra foi resgatado do seu mar de dores e de lama e recomeçou sua luta pela justiça.

O Deus Xangô esclareceu a mente dos homens para a justiça de educação e de reeducação e produziu milhões de filhos que espalharam o amor e a pureza pelo globo terrestre.

As elites que comandam pelo poder de investir, pensar e ousar, mas não produzem benefício ao próximo e não se conectam com o ato, os princípios e os fundamentos, precisam de Xangô. Nesse momento, ele começa a agir com o intuito e o objetivo de ajudar essas mentes distorcidas com a única finalidade de reconduzi-las na busca pela verdade. O dono do machado é do povo e para o povo. É o orixá do Brasil com o seu caldeamento cultural, genético, simbólico e ideológico.

É da alma de Xangô ajustar e reajustar a mente decaída e corroída pela luxúria.

É do seu pensamento equilibrar a mente humana, salvando-a de descontroles e desequilíbrios. Com ele não existe desânimo nem um minuto sequer. Age e trabalha em todas as frentes. Muitas vezes com Ogum e outras com Oxóssi.

No momento do desencarne humano, Xangô está do lado de Omulu para receber o espírito e tranquilizá-lo, dizendo que uma nova vida e realidade o esperam.

No instante em que Xangô criou a mente humana, ele permitiu o total livre-arbítrio do ser e da alma do ser. Moldou, mas não dominou, pelo contrário, libertou e fez com que fosse a lua cheia e o raiar do sol verdadeiros professores energéticos do planeta Terra. Sol e lua instrumentos básicos e universais que proporcionam o equilíbrio e o reequilíbrio da natureza e do planeta Terra.

A astronomia nos seus estudos mais elaborados tem em Xangô o mestre invisível e protetor intelectual. O estudo e a descoberta da astronomia têm nele o seu pai.

Na esfera da criação, o deus Xangô definiu o equilíbrio motor da natureza cerebral e espacial. É o carregador da balança e da justiça. Introduziu a moral como norma e dotou os seres e as coisas de discernimento e de autonomia.

A consciência que é a base da relação humana, vegetal, animal e espiritual; e teve como origem o aprimoramento e a capacidade intelectual de Xangô. Portanto, a base crítica e emotiva da consciência está nesse mito, sendo remodelada pelas suas reminiscências e lembranças na reconstrução do planeta.

As vibrações fluídicas deste orixá da justiça estabelecem e diversificam as falanges em uma complexidade infinita.

O ser divino com a sua natureza divina e com suas criações divinas faz com que o orixá Xangô seja a força da construção moral humana. A justiça desse deus, designado pelos deuses da umbanda e do candomblé, fez com que a sua missão fosse grandiosa dentro das realidades humanas e espirituais.

A mística de Xangô está nos mínimos detalhes da convivência humana. Ele construiu a consciência divina, adaptando-a com segurança para as características da personalidade humana. A política somente conseguiu romper com os grilhões da maldade e da opressão com a sua postura sagrada e pura.

O deus Xangô combateu o mal de todas as formas para propiciar ao homem a liberdade criativa. Criou e formou a mente humana com o livre-arbítrio, mas esteve sempre atento e desperto com o ser para que o ego não prevalecesse sobre o espírito.

Este deus gerador da humanidade aboliu as opressões e escravidões na Terra.

As novas formas e os modelos de prática política que priorizam a Deus como instrumento de avanço têm sua origem e prática neste gigante afro-brasileiro.

Em todos os momentos e instantes da vida humana na Terra, Xangô se mostra voltado unicamente para o progresso e a evolução espiritual. Detalhadamente, ele vai lapidando o comportamento e o âmago de seus bilhões de filhos.

Ele não amansa o homem, apenas o direciona ao caminho do bem, da solidariedade e do amor.

Os orixás possuem como principal fundamento aperfeiçoar o ser humano, educando-o com carinho, paciência e realismo. Para cada ser humano, um estilo e método de educação, tendo como base o amor a Deus, à ancestralidade e à terra sagrada de nascimento ou de adoção por escolha.

Esse mito real rege e centraliza todas as cargas elétricas da Terra. O controlador de mundos sensíveis, invisíveis e místicos.

Místicas e mistérios são chaves da natureza para o homem vivenciá-los dentro do contexto hierárquico. Mas o equívoco humano é tentar decifrá-los como se fossem um simples quebra-cabeças.

Ele processa em seu elemento principal, que são as montanhas rochosas, as vibrações cósmicas, e redimensiona o planeta Terra dentro do equilíbrio e da segurança.

O homem encontrou a sua forma mais compreensível de comunicação com o deus Xangô, energizando-o em todos os segundos.

Nosso orixá da justiça fundou a ideia de o ser humano viver em sociedade e de saber lidar com outros seres.

O seu símbolo é o machado igual ao de Thor, na mitologia dos nórdicos, e com o poder de interromper as demandas ruins que afetam o homem no seu campo energético. Em termos da macrovisão, evita os conflitos mundiais, as guerras e as tragédias coletivas. Os raios do machado de Xangô afastam o mal e o orgulho causador da inveja. Pai da velocidade e da rapidez. Mais rápido do que o som e a luz.

O som musical de Xangô é o xerê. O som é o barulho da chuva entremeado por ritmos de dança e de libertação da alma.

O barulho da chuva é transformado em música celestial dançante por Xangô. Esta música deu origem ao universo rítmico-musical com todos os gêneros e repertórios.

O balanço energético do seu xerê (uma espécie de patuá) recarrega a Terra e os planetas de fluidos positivos e eletromagnéticos.

A relação do xerê imantado com a referência água (mar, chuva, rios e cachoeira) transmite e une a força energética e mental de todos os orixás no avanço espiritual na Terra.

O fogo do pretérito, presente e futuro serve como guardião da limpeza energética dos planos densos e tenebrosos da maldade, do orgulho e da arrogância.

Na reflexão e prática sagrada dos orixás, Xangô utiliza o fogo na concepção criativa e recuperadora.

A fortaleza de ânimo de Xangô estabelece regras na mentalidade do homem e atua em todas as transformações celulares do corpo humano.

As regras e os códigos da umbanda e do candomblé respeitam hierarquias milenares.

Essas formações hierárquicas decidem o destino de todos os elementos das galáxias. O tempo dos orixás não é o mesmo tempo dos humanos. Não existe uma realidade de tempo única, como, também, não existem níveis e graus iguais de hierarquias. Os deuses possuem inúmeros domínios e dimensões.

Todas as realidades sólidas, líquidas, concretas, o fogo e o ar são criações essenciais e interplanetárias dos orixás. Eles inventaram e fizeram nascer milhares de naturezas e inteligências espirituais e corpóreas, dentro de fusões e junções divinas. A ciência do nascimento humano e a de todas as naturezas que se relacionam e se envolvem com a vida nas suas realidades visuais e olfativas, tátil e vocacional têm no orixá o seu pai, avô e genitor.

O deus Xangô é do fogo; ele criou a vida do homem através do fogo e dos seus vários elementos conscientes e inconscientes, para permitir a liberdade em todos os níveis e graus do ser humano e das coisas. Pelo fogo libertou os seres humanos da inércia, dando-lhes vida, ânimo e criatividade no acertar, errar e duvidar de acordo com a ordenação paranormal. Através do fogo, utilizado na criação, homologação e patente do homem, criou e cicatrizou feridas físicas e morais, capacitando a espécie humana no seu habitat terrestre.

O fogo elevando o intelecto e multiplicando a sabedoria e a reflexão na escala evolutiva.

O deus Xangô construindo as cidades através do fogo; vida e esperança na condução do fogo da justiça e do perdão na realidade dos seres.

Na Terra, o homem passou a entender a dor do outro depois do conhecimento do poder do fogo. O benefício do fogo foi logo apreendido pelo homem, no aprendizado e na suplantação da sua primeira escala evolutiva.

Quando o homem tem a sua primeira queda espiritual, o deus chamado para reerguer a Terra e costurá-la com o fogo do seu machado, de suas narinas e de sua boca (algo impensável através do nosso conhecimento) foi Xangô.

O planeta despedaçado, arrasado e fragmentado teve no fogo de Xangô o seu renascimento e reinício. Enfim, a verdade revelada.

Esse deus protetor e arquiteto da humanidade reconstruiu a imaginação, o sentimento e o otimismo do planeta.

Ele registrou seu tempo de trabalho na mente do ser humano, presenteando-o com a responsabilidade, o dever e a disciplina. O ser humano respeitando e aceitando o outro, sem perder o sentimento de amor à pátria brasileira e africana.

O deus do fogo e da justiça permitiu que cada ser humano escolhesse a sua religião e sua crença, dotando seus filhos com o poder da escolha e das decisões. Pensar e entender a necessidade da liberdade e do sentimento evoluído na realidade pragmática da vida na sociedade.

Um deus que permite a escolha e a opção aos seus filhos e não impõe uma doutrina só poderia ter a sua casa e morada em um centro de umbanda.

A umbanda e o candomblé souberam lidar com Xangô e respeitá-lo na sua essência. E o Brasil é o seu paradeiro estrutural.

A liberdade significa a própria origem da vida, do conhecimento e do merecimento.

Através da liberdade, nascem os pensamentos e as ações que transcorrem no desenvolvimento dos fatos. O merecimento se caracteriza em função das causas que emanam dos fatos da carne e do espírito. Na existência do fato, a realidade supradimensional interfere no ser pensante, esclarecendo dúvidas e contornando as situações. Consequentemente, o homem passa a compreender o seu sentido no tempo e no espaço.

O deus Xangô libertou o homem e não o condicionou a regras, premissas, receios, padrões ou tabus.

No nascimento dos dogmas científicos e religiosos e no excesso de dramas dos que cultuam os diplomas universitários, a espécie humana se fanatizou e entrou nas tormentas mentais que excluem e matam. Este estágio de dor deixa de ser provisório e pode escancarar um domínio do mal sobre o bem. Se o homem não possuir um guru espiritual, que não politize as suas emoções e que o impulsione ao bem sem olhar para quem, a sua vida entrará em uma névoa de desencanto e dor.

A ruptura sutil de temas e diálogos considerados proibitivos é um caminho e uma possibilidade para não criar dramas e inseguranças banais na montagem do cotidiano. O tema chamado de impróprio deve ser discutido e pensado com a moral e a conjuntura reflexiva do indivíduo, com o objetivo de limpar a mentalidade e procurar a verdade da vida e do homem.

A procura pela verdade já vem carregada de evolução e prioriza não deixar restos de problemas espalhados pelo lado oculto da mente. Somente a honestidade e a verdade têm o poder de libertar definitivamente a sociedade de seres brutos espiritualmente e com invólucro cármico pesado. A umbanda é a única religião com a flexibilidade da compreensão na sua busca eterna, leve e suave pela verdade em todos os seus níveis e graus.

A umbanda apresentou ao lado do candomblé o deus Xangô ao planeta Terra, e os seres humanos receberam a segurança e a força necessária para viverem e serem felizes. A verdade de Xangô é a verdade da eternidade e da imortalidade. Não é uma verdade passageira, inconclusiva ou desfigurada. Muito pelo contrário, ele é o pai da verdade dos milênios, séculos e das eras. A verdade que cria, une e evolui todas as realidades e coisas conhecidas e desconhecidas do homem. A verdade e a justiça de Xangô são o princípio, a gênese e o fator principal da criação da Terra.

OGUM PROTEGE XANGÔ

Ogum é o protetor de Xangô e vice-versa. Ambos seguem juntos nos caminhos jamais trilhados por nenhum ser espiritual ou ser divino. Andam por todos os planetas, astros e por todas as estrelas, viajam pelas galáxias e conhecem todos os caminhos e as formatações siderais. São irmãos que disputam a hegemonia no coração do povo, mas que sempre se unem pela preservação do império espiritual sobre a Terra.

Certa vez, Ogum e Xangô, no campo de batalha da região que chamamos hoje de Nigéria, combateram a praga do fanatismo ateísta com as suas legiões de soldados blindados com armas de fogo. O exército iconoclasta veio com os seus guerreiros classificados como invencíveis, mas deram de cara com a força da espada de Ogum, o machado de Xangô e os seus exércitos abençoados e ultra bem treinados. Os inimigos iconoclastas que vieram imbuídos e decididos a escravizar o povo africano foram destruídos e sucumbiram. Eles desapareceram e viraram fumaça. A vitória de Ogum e Xangô foi absoluta.

XANGÔ E O FOGO, A ÁGUA E O ESPAÇO

Nas suas batalhas ao redor dos planetas para construir e ensinar a verdade e a coragem aos seres humanos, Xangô enfrentou todos os tipos de inimigos que desconheciam a sua capacidade psicológica e a sua fortaleza espiritual, moral e principalmente o seu potencial exotérico e esotérico. Certa noite, enquanto descansava de uma batalha, foi surpreendido e capturado pelos malfeitores e jogado ao fogo. Mas ele o criou, portanto, consequentemente, dominava o fogo e nada lhe aconteceu. Em outra situação, Xangô foi jogado no fundo do mar para se afogar, mas Iemanjá era a sua amiga e confidente e lhe salvou. Não contentes, os seus inimigos jogaram-no no espaço para que ele vagasse pelos planetas em completo tormento, mas novamente foi salvo, desta vez por Oxalá com suas asas e seu cavalo alado. Nada podia destruir Xangô, o eterno gladiador invencível.

XANGÔ CRIA O FOGO

Xangô criou o fogo com os seus raios sobre as árvores. O homem, aturdido e surpreso, pediu ao rei dos raios que ensinasse a ele o segredo de como fazer o fogo. E lá foi o mestre ensinar os homens a armazenarem as brasas em um buraco e cobri-las com gravetos e terra. Logo em seguida, nasciam lascas pretas, que eram o carvão. Assim, o homem, compreendendo a movimentação técnica, percebeu que poderia acender o carvão com as brasas que sobraram. E assim foi feito. Mais adiante, Xangô ensinou como se fazer um fogão com pedras e a cozinhar com carvão. E, com o tempo, o homem criou os fogões modernos feitos com gás, metal e forno.

- **Data festiva**: 30 de setembro
- **Bebidas**: cerveja preta.
- **Cores e guias**: marrom e branca ou vermelha e branca.
- **Locais de recebimento de oferendas**: montanhas, cachoeiras, pedreiras e matas; se possível, no alto de algum monte.
- **Sincretismo religioso**: São Jerônimo.
- **Símbolos**: todos os tipos de machado, oxés (machado de duas lâminas) raios e fogo.
- **Saudações**: Kaô Kabecilê, Xangô.
- **Animais preferidos para convívio**: falcão, águia e leão.
- **Dias da semana**: quarta-feira.
- **Números prediletos**: 5 ou 6.
- **Plantas preferidas**: angelicó, manacá-da-serra, aperta-ruão, nega-mina, cavalinha (milho de cobra), eritrina (mulungu).
- **Flores**: cravos vermelhos.

- **Metais**: estanho e molibdênio.
- **Pedras**: jaspe, topázio e cornalina.
- **Oferendas**: cerveja preta, amalá e todos os tipos de pratos feitos com quiabo.

DEUS OSSAIM

O deus das folhas e ervas. Deus-orixá referência no candomblé e em todas as religiões afro-brasileiras. A divindade do domínio completo sobre as vibrações e energias relacionadas às florestas e matas.

Ossaim é o símbolo do encantamento e da magia no seu rumo e ritmo mais consistente. Representa o rosto e a permanência das religiões de natureza africana no coração e na alma do povo brasileiro.

Com as suas ervas e folhas desbravou o mundo e encontrou no Brasil o seu destino de divindade real.

Rasgando o céu com os seus poderes paranormais, ensinou para a humanidade como curar-se através dos remédios advindos das ervas e folhas. Nas folhas das árvores, ensinou o mundo a viver e sobreviver, prorrogando a sua estadia na Terra. Todos os remédios advêm do Deus Ossaim. É o médico. É o curador. Inventor, idealizador e provedor de todas as curas dos homens, animais e vegetais. A capacitação dos médicos, o aprimoramento dos remédios ao longo dos séculos e as homeopatias têm em Ossaim o seu pai.

Trabalha ao lado de Omulu e Oxóssi nas florestas, cachoeiras, matas e nos mares.

Seu sangue é sagrado, imaculado e santificado, tem o poder da cura, do renascimento e da ressurreição. As folhas salvam vidas depois de processadas e trabalhadas por essa divindade.

Ele interage com o seu habitat, representando-o. Dentro do seu meio mimetiza e intensifica a racionalização sensível da vida humana.

É o orixá que permitiu a comunicação em todos os níveis entre humanos, animais e flores. Pai da ecologia despolitizada e curativa.

Ossaim criou e foi o primeiro ser a dialogar com a mata e descobrir os seus segredos. As ervas e folhas estavam no seu espírito orgânico, no seu raciocínio criativo e na sua moral sagrada.

A vida das florestas tropicais começou a existir e a trabalhar a favor do ser humano a partir do momento em que o sentimento de amor e de criação de Ossaim voltaram ao seu centro da vida vegetal. As bifurcações de ordem psicológica e paranormal são necessárias para a maturação, as composições das matas e, consequentemente, para o benefício espiritual e moral de toda a humanidade, dependendo fundamentalmente da aprovação desta divindade. O tempo de evolução espiritual e moral dos primeiros seres humanos que habitaram a Terra passa pelo desejo e pela vontade deste símbolo onipotente e redivivo.

O Deus Ossaim é o mestre das folhas. Qualquer orixá que pretenda utilizar os trabalhos advindos da natureza tem que pedir para este guardião.

A palavra guardião entende-se por protetor e conservador. O guardador e detentor dos segredos e do conhecimento vem salvando e curando a humanidade ao longo dos séculos de todos os tipos de doenças, chagas e pestes, ao lado de Omulu, Nanã e Oxóssi, os grandes médicos da humanidade.

Ossaim é o que possui a chave das portas das ervas, folhas, dos chás, ebós, banhos, das defumações e oferendas. Ele está presente em todos os trabalhos com o nome de Zambi (paz, amor e perdão), e suas vibrações e seus milagres estão presentes em todas as nações do mundo.

Ossaim e Exu abrem os caminhos e aprimoram a moral e a dignidade no entendimento e nas práticas humanas.

Nas transfigurações e mimetizações (bioenergéticas – espirituais – divinas), ele é a própria folha e erva.

A sua presença instantânea e poderosa, em todos os ramos, as situações e os momentos envolvendo a vida nas florestas, faz dele um dos mais grandiosos orixás do panteão.

Seu cuidado e sua proteção no manuseio e na preparação dos remédios da alma e do corpo ao planeta Terra e no plano divino é executado especificamente com a sua essência. O axé vem das folhas, e a história humana sem o precioso axé (energia pura, sutil e recondicionada) não teria acontecido.

Axé para a vida, axé para a morte, axé no sentimento de reconstrução do amor e da paciência. Axé para o poder sexual e axé em todos os atos, átomos e as moléculas da vida.

O deus Ossaim é o profeta do axé. São dele, excepcionalmente da sua essência, que se multiplicam bilhões de folhas, para tornarem-se energia vinculada à evolução do ser e de todas as coisas. É o pai e o professor do axé.

Axé significa energia, vibração, vida, rejuvenescimento, proteção, alegria, fé no amanhã, determinação, esperança, novas expectativas, reverberação e relação com as forças divinas. Sem o poder e o entrelaçamento dos espíritos com o axé, o ser humano vai definhar, esmorecer e morrer de dor, tédio ou esquecimento.

O axé é uma dialética honesta e justa, produzida pela união do preparo do corpo físico do médium com o espírito da sabedoria.

O axé é fundamental para a evolução de qualquer religião do mundo. O axé dos humanos e das divindades são direcionados a Ossaim. A sua forma de traduzir e passar axé logrou êxito e influenciou milhões de seres humanos e espirituais.

Na cultura, na paz e na verdade, Ossaim atua e se posiciona com dignidade e caráter no combate ao mal.

Um deus interligado e com forças canalizadas nas folhas e nas ervas. Sempre transitou livremente entre o campo humano e divino, formatando o patriotismo, o respeito à família e o desprendimento aos bens materiais.

Na linha da miscigenação, da força espiritual e do poder psicocultural, ele amparou a história do Brasil por séculos. Um orixá da verdade e da realidade que reconhece o poder de seus trabalhos e a importância na liberação dos axés.

Ele libera e liberta o axé de qualquer carga negativa ou destrutiva que possa se instalar e se apropriar do equilíbrio energético; o confronto e a luta de morte entre a energia positiva e a energia negativa.

No campo energético, o combate é incessante e infinito. Apenas Ossaim, com a sua magia serena e ao mesmo tempo contundente, é que pode trazer o benefício dos fluidos evolutivos, dinâmicos e educativos.

A divindade que consegue estremecer a terra com a calmaria de uma garoa em uma tarde da cidade de São Paulo.

Ele atua em diversas frentes, em campos e energias. Participa e transforma vários mundos e planetas. Está dentro da roda-gigante da evolução cósmica há quatro bilhões de anos. É a válvula de escape de milhões de seres humanos sem autonomia mental, mas que anseiam pelo progresso individual e, consequentemente, da nação.

Criar e condensar, manter a sua estrutura no plano e na sintonia espiritual de bilhões de seres humanos, saber transformar o etéreo do perispírito em fortalecimento do ego simbólico e moldar o tempo a serviço da história do deus maior (Olorum).

Sua força, advinda do axé, aplaca a ira preconceituosa do mundo doente. A fé do homem em Ossaim produz um sentimento fraternal, uma vida mais calma e uma convivência com os diversos mundos.

A vinculação aos espíritos que trabalham o axé como instrumento de equilíbrio faz com que o centro de atividade intelectual e moral do universo seja caracterizado no Brasil. A divindade de Ossaim não é refratário ao novo, ao aprendizado de ensinar, ajudar e educar. No espírito humano, Ossaim coloca a calma, o raciocínio livre e a sabedoria para poder processar as diversas formas de curas. Ele nos acalma, nos protege e abre portas trancafiadas.

É um orixá do voo, da leveza e das asas da liberdade consciente, que só pode ser vivenciada por seres preparados nos aspectos mentais e espirituais.

Um orixá que proporcionou o conhecimento da grandeza da humildade. A pureza da atitude humilde que forma seres brandos, verdadeiros e históricos.

É o orixá que valoriza a história do passado e a ancestralidade no seu sentido mais amplo e justo. A modernização da sua espiritualidade e mediunidade no transporte aos novos tempos tem como estrutura de reflexão a simbologia e a montagem da antiguidade dentro da alma humana. Ossaim e o ser humano são elos inseparáveis de constante aprendizado e evolução. O verdadeiro sentimento e o poder de Deus na história clássica e esquecida são as bases, as construções e formações espirituais para os seus filhos. A recuperação do passado, o apoio ao presente e o olhar para o futuro têm nesse conjunto a valorização do homem e das vidas futuras. Através do processamento e do manuseio das ervas de Ossaim, os espíritos dos brasileiros estão sendo limpos e purificados.

O deus Ossaim é o grande símbolo da umbanda e do candomblé, com a sua magia e o seu poder de concretização de sonhos e perspectivas.

As qualidades e as virtudes morais da personalidade de Ossaim são repassadas aos seres humanos através do seu poder mental.

O poder mental e a segurança do homem na Terra são apoiados por ele. Suas dádivas tornam-se reais, perceptíveis e inquestionáveis. O ser e Ossaim dentro dessas mutações vibratórias formaram um patriotismo flexível e libertário.

A sua liberdade não era refratária ou indolente. A ideia e a prática da liberdade deste deus-orixá construíram formas de entendimento diferenciadas.

A linguagem literária e a escrita das tecnologias modernas não conseguem expressar o poder e os atos missionários deste orixá.

Foi o precursor das curas através dos cuidados e manuseios com as ervas e defumações, sem desligar-se das funções de equilíbrio espiritual e psíquico dos seres. As suas ervas têm poderes terapêuticos e reconfortantes que preparam o homem para enfrentar qualquer tipo ou forma de privações ou adversidades. O tempo e o sentimento de amor interagem com ele. É o orixá que retira a carga pesada e destruidora das costas espirituais dos homens.

Um orixá que projeta o futuro, tal qual o mestre Orunmilá, o adivinhador sagrado. O jogo de búzios (Ifá) tem uma dimensão acima da dicotomia espiritual esdrúxula das incompreensões humanas.

Ossaim e Orunmilá trabalham juntos e possuem uma proximidade divina fantástica. São níveis de práticas divinas adequadas a cada raciocínio humano. Em cada ser humano uma forma, um método e um meio de agregar e valorizar o indivíduo. Para cada indivíduo uma medida e um trabalho específico com ervas, defumações e magias.

O indivíduo como ser único, determinado e completo, mas dentro de uma sociedade com suas loucuras, subordinações e culturas que se contrapõem.

A umbanda - candomblé é a religião com mais peso e inteligência para compreender e resolver os problemas das ruas e do mundo.

Religião da luta, do aprendizado e do perdão com a cara do brasileiro. Possui em seu núcleo a glória e a dor. Com os seus sincretismos, desvenda a verdade que o ser humano anseia e de que precisa, proporcionando o suporte de utopia e a fantasia tão necessários para a vida. Ossaim vive a verdade das florestas e da alquimia, mas com o fundamento nascido do bem maior (Olorum ou Zambi).

A relação simbólica das divindades (candomblé) e dos mortos sagrados pela psicofonia (umbanda) comprova a honra e a dignidade. Esses deuses da África e do Brasil fomentaram a liberdade jurídica, lúdica e moral da população; a valorização da democracia e da paciência.

Ossaim é o orixá mais telúrico da cultura universal. A sua expansão como ideia mítica representa as novas respostas e perguntas para um panorama mais justo, divino e heroico que se avizinha nos costados da Terra.

A base da civilização brasileira tem como estrutura de navegação imaginária o campo dos sonhos de Ossaim. Com os seus inúmeros representantes, este deus propaga a evolução e o conhecimento ao planeta. Dentro de sua cabaça (pequena bolsa com ervas e poções mágicas) estão a evolução e o progresso de toda a humanidade; a recuperação espiritual das nações. A sua cabaça carrega folhas que dinamizam qualquer oferenda em benefício do merecedor.

A sua cabaça carrega as dores do planeta. Na sua cabaça, a ideia de patriotismo está bem centrada e definida; além de muito mais leal e real.

Dentro de sua cabaça encontram-se as respostas para as dores humanas. Na cabaça, o começo, o meio e o fim dos tempos. Todos os segredos da construção humana nas galáxias são captados e compreendidos por Ossaim, o orixá raiz. A cabaça como alternativa para o homem não explodir e não procurar na violência a resposta para a realidade do tempo e das coisas. O ritmo do tempo e das curas é definido por Ossaim e Omulu, cada qual com funções determinadas por Olorum (mestre dos mestres divinos).

A floresta banhada pelos mares e rios é um dos espaços favoritos da reunificação dos orixás encaminhados por Ossaim.

É um dos orixás favoritos para ter a proteção de Ogum, principalmente por sua humildade e seu silêncio. É um dos orixás mais silenciosos e meditativos. No silêncio das ervas e folhas saídas da cabaça e do preparo (liturgia) é que são produzidos os tratamentos e as novas curas deste mundo excessivamente tecnológico e informativo.

As suas cores mais representativas são o verde e o amarelo, que simbolizam o Brasil e a sua floresta amazônica. É o protetor e o soldado da floresta. É uma espécie de mentor intelectual do amor, da paixão e da racionalidade no contato e na relação com a razão. A floresta amazônica pertence a Ossaim, Oxóssi e Xangô.

Ossaim é a divindade do final da tarde e do assentamento. No final da tarde é que ele consegue acalmar os dois guerreiros, Oxóssi e Xangô.

Nesse período e ritmo, ele acerta na dose dos remédios e faz as manipulações e os testes científicos com as plantas e ervas e encontra soluções para a espécie humana. Nada é mais poderoso do que a cura, pois ela produz um sentimento de retratação e dinamismo espiritual diante dos delírios éticos, morais e econômicos cometidos pelo ser humano ao longo da vida. Todo o processo de cura passa a ser instrumento educativo. Apenas em casos de morte natural, essa lição e essa nova realidade passam a ter significado.

Ossaim possui um domínio completo sobre todos os processos de tratamento e restabelecimento humanos.

Suas cores originais — verde e amarela — remetem à nossa significação como seres eleitos e escolhidos para habitarem este país. O Brasil definido como o altar sagrado do universo tem no divino orixá Ossaim a sua cura silenciosa, profética e educativa.

O tamanho do manto sagrado atesta sua fortaleza e superioridade natural sobre as querelas e as questões mais superficiais deste e de outros mundos. Ele é um deus com uma energia diferenciada e capitaneada pelo axé. O verde e amarelo produzem uma tempestade de energia renovadora.

No verde e no amarelo, a ordem universal apresenta as suas poderosas reunificações interplanetárias, principalmente com o apoio dos planetas Mercúrio, Vênus e Marte. O poder gravitacional da relação entre os planetas atinge diretamente o Brasil em todas as estações do ano, nas dimensões holísticas e esferas cármicas de redistribuições energéticas. O Brasil e Ossaim têm uma relação afetiva de filho e pai. Pai e filho dentro da pátria brasileira.

O Brasil é a pátria do universo, propagador e difusor das doutrinas espíritas e da escola de ética e da solidariedade. Ossaim não possui essas cores por simples coincidência. Isso não existe na religião espírita. O que existe é merecimento, devoção, correlação de forças e fé inabalável. É o poder do orixá em agir e trabalhar para você. As leis da aceitação, do merecimento e da gratidão fazem parte desta linha de apoio e salto evolutivo. O verde e amarelo simbolizam as forças da esperança unidas em um único objetivo: a vitória da bondade e da harmonia. A razão é um atributo genuíno da fé segura e da flexibilidade harmônica.

Ossaim, esse deus de mil formas, meios e capacitações de buscar a energia das coisas, do ar, da chuva, das florestas e transformá-las em dádivas para o universo. Todos os planetas do zodíaco se alimentam da energia vibratória proporcionada por esse deus. Ele é o deus do poder verdadeiro, advindo da humildade, e possui a segurança e a fortaleza moral advindas da luta honesta por uma sociedade mais justa.

A cura da alma significa vitórias em todas as linhas, correntes e nos envolvimentos do pensamento na competitividade do planeta. As cores verde e amarela garantem a competitividade no seu mais alto grau. O nível dos combates em prol da liberdade das autonomias patrióticas é de grande valor para Ossaim. Olorum o apoia e o protege, combatendo ao seu lado na luta transformadora e justa.

A tradição para Ossaim é a gratidão e o amor pelo compromisso de fazer o bem e buscar o otimismo em todas as instâncias vibratórias. As suas ervas e defumações, como já foi frisado, são de combate contra os desmandos e as decaídas cármicas.

Quando acontece algum tipo de desvio cármico no corpo astral do indivíduo, é Ossaim quem tem poder de recuperá-lo.

Ossaim, nesse ponto específico, tem o machado de Xangô como arma de luta contra os kiumbas (espíritos de pouca luz que comprometem os destinos dos seres humanos).

Os kiumbas são seres em constante evolução, mas que podem comprometer e afetar as funções do desenvolvimento cármico natural dos homens.

É um orixá preparado por todas as alquimias divinas e experiências da energia na linha astral e médica, em busca da energia perfeita. Seu poder de intercalar-se em outros arquétipos ultrapassa os limites do entendimento humano. É o orixá que interpreta, altera e trabalha a realidade em naturalidade imperceptível.

As cores verde e amarela canalizam sua procura pelo momento mais adequado para energizar o homem e a sua comunidade. Ele resgata o sonho e provoca nos realistas a necessidade de sentir o seu tempo no campo da espiritualidade. A genialidade deste orixá no combate inteligente, justo e necessário é o ponto da convergência neste quadro de evolução da espécie humana. É um ser divino, que observa e age na sociedade impulsionado pela sua grande missão de salvar a humanidade do excesso de vaidade, dos produtos químicos e do círculo que está em descompasso com as leis sagradas.

Ele recupera o homem das suas dores e dos seus carmas para torná-lo um herói. O herói e o seu destino estão nas mãos de Ossaim. O herói é preparado por ele para triunfar em todos os sentidos. Nos tempos e nos períodos de maior perigo para o fortalecimento da ideia de Brasil, em que os ânimos foram serenados e reconstruídos, novamente surge o aspecto unificador deste gigante. Indiscutivelmente, com o seu olhar carinhoso, proporcionou racionalidade e segurança aos comandados na nova nação que se formava.

Na vida desta nação, ele é o representante mais próximo do povo e das florestas, possuindo o poder indecifrável de um mago das plantas e das ervas. Tudo relacionado ao país que carrega as suas cores. A bandeira do Brasil tem as cores da África (em uma franca homenagem a Ossaim). Ele é o desbravador.

Mais rápido que o som, mais forte que treze Hércules e mais corajoso que sete furacões, nada pode detê-lo na concretização do auxílio da cura e da limpeza das almas.

Marte, o deus da guerra, o respeita, o admira e o reconhece como um deus absoluto e invencível.

O orixá Ossaim tem a veneração de todos os poderes divinos, constituídos no universo cósmico e espiritual.

A sua mentalidade envolve um conhecimento absoluto e inconfundível sobre os deuses e humanos. Ele criou a humanidade e está inserido nela; deus sem distanciamento; deus que não pune; deus do ensinamento profundo e da educação individualizada.

É o deus Ossaim que envolve a humanidade nas mandingas saudáveis, benéficas e evolutivas das religiões afro-brasileiras. Esta nova vida do ser humano, mais voltada à natureza e à cultura espiritual, tem no cerne e no núcleo do astral o ponto de convergência da energia de Ossaim. Nas flores e raízes, ele age ao lado do deus Ogum. No seu cajado — com um pássaro alado esculpido na ponta — transmite uma nova perspectiva ao corpo, à forma e ao espírito na combinação perfeita na busca pelo equilíbrio. O pássaro e a cabaça podem explicar o seu poder de cura e de libertação das correntes mentais que aprisionam a psique humana. Ossaim é o grande feiticeiro do mundo espiritual, o deus da libertação e do amor ao Brasil.

MITOS E LENDAS

A CURA PELAS ERVAS E FOLHAS

A humanidade padecia de remédios para curar o corpo físico, psicológico e espiritual. Milhões de seres vagavam como zumbis se arrastando pelo chão. Algo tenebroso havia acontecido com a espécie humana. A escuridão, a euforia trágica e os desmandos com todas as quebras de hierarquias estavam estabelecidos como regras. A anarquia prevalecia. Eis que o orixá Ossaim apresentou as folhas e ervas medicinais para curar o corpo, recuperar os chacras, reequilibrar a mente e afugentar os maus espíritos de toda a raça humana. Uma façanha. A Terra estava salva. A redenção das nações aconteceu de uma forma natural e com excelentes perspectivas para o futuro. O deus Ossaim foi o pai e médico da humanidade.

O SANGUE DAS FOLHAS

O Deus Ossaim, magoado com a ignorância humana e com as disputas entre as nações pelo poder, fez com que as folhas jorrassem sangue. Toda a natureza estava em sangue. O mundo estava manchado de sangue. O belo não mais existia. A bondade humana estava sendo colocada em dúvida. Os homens, arraigados na sua perfídia, desgastavam o tempo da espécie humana no paraíso. O mal estava prevalecendo. O sangue das florestas, folhas, árvores, matas, montanhas envergonhava os homens. O sangue representava o choro e a dor das plantas com a imoralidade humana. Depois de sete primaveras, o homem pediu perdão e mudou a sua conduta e, assim, o sangue parou de jorrar. Deus Ossaim apaziguou a Terra.

A FLORESTA ENCANTADA

O Deus Ossaim é o defensor da floresta amazônica. O aglutinador de todos os orixás. O orixá que produz, cria e apresenta as plantas (remédios) que curam e energizam a matéria física e espiritual dos homens. É o pai da medicina natural. O termo "Floresta Encantada" foi originado por Ossaim, que ama, valoriza e cultua a floresta brasileira. Ele sempre encontra um sentido poético para designar ou desvendar a beleza e o mistério da floresta sagrada. A floresta, que está salvando a humanidade e glorificará o Brasil e toda a sensibilidade de Oxalá por todas as eternidades. A proteção da floresta é com Oxóssi, ele é o xerife; Nanã e Omulu cuidam do conhecimento, da vida, morte e reencarnação; e Logun Edé coloca a tranquilidade e a alegria como normas de crescimento. Deus Ossaim, com o seu poderoso manto imantado, abençoa todas as florestas e matas do Brasil. Que missão divina!

- **Data festiva**: 20 de janeiro
- **Bebidas**: cachaça.
- **Cores**: verde e branca.
- **Locais de recebimento de oferendas**: florestas, matas em montanhas ou mata virgem que possua ventania.
- **Sincretismo**: São Roque.
- **Símbolos**: haste ladeada por sete lanças com um pássaro no cume.
- **Saudações**: Ewé Ó, que significa "Salve as ervas", "Salve as folhas", "Salve as plantas".
- **Animais preferidos para convívio**: galo.
- **Dias da semana**: quinta-feira.

- **Números prediletos**: 4, 6 e 42.
- **Plantas preferidas e ervas:** amendoim como alimento, para comer sem casca e torrado, e o óleo do amendoim; celidônia maior; coco-de-dendê; guabira; narciso dos jardins; ervas medicinais.
- **Metais**: Ferro.
- **Pedras**: Esmeralda.
- **Rituais com oferendas**: inhame, mel, cachaça e fumo – preparados e colocados na mata virgem e na floresta onde tenha corrente de vento. Um dos pontos para a realização das oferendas é a ventania. A necessidade do vento. A liberdade e a cura estão correlacionadas com o vento, que arranca a dor e a doença e a leva para longe, e a ventania, para recarregar as energias e trazer a liberdade imaginativa.
- **Guias**: verde e branca.
- **Oferendas**: camarão, azeite-de-dendê e abacate.

DEUSA NANÃ, A VOVÓ DA HUMANIDADE

A deusa da sabedoria.

Sábia, tolerante, compreensiva, mas disciplinada.

Deusa do tempo, do dinamismo e das causas de reencarnação. Um nome que brilha no horizonte intergaláctico. A sabedoria revestida de cultura, aceitação e olhar no futuro.

A sabedoria é o princípio maior do pensamento, o auge do pensamento na sua forma e no seu conteúdo.

Sabedoria é a união do pensamento com a facilidade do ato. A execução do ato é a decorrência da sabedoria. Sabedoria é a afirmação da compreensão sobre o radicalismo de ideias e propósitos. A realidade da sabedoria é a libertação e o equilíbrio do homem na sua certeza de transcendência. A sabedoria é o conselho munido de satisfação espiritual e evolução constante. Na sabedoria, o tempo é esmiuçado, refinado e reestruturado em um novo conceito de procurar realidades no universo.

Dentro do arcabouço, da sabedoria e do equilíbrio, comunica-se nos aspectos fundamentais de entendimento filosófico em todos os segmentos terrestres.

A sabedoria é movida pela bondade empírica e a expansão metafísica. Na sabedoria, a sensibilidade toma corpo futurista e exala os bons presságios. Nanã é a deusa da sabedoria.

A sabedoria nascida, composta, adquirida e propagada de Nanã abençoa todos os planetas visíveis e invisíveis.

Se o planeta Terra não fosse formado pela sabedoria milenar de Nanã, não existiria vida inteligente, amor e fraternidade entre os povos e países. Nos sonhos dos filhos de Nanã, a informação é substituída pela autoestima, e o objeto real pelo seu imaginário correspondente. A forma e as funções subjetivas não são atingidas. Você entra no campo da libertação e produz sentimentos dignos e ajustados com o mais alto grau espiritual.

A exigência da sabedoria é não exigir nada. A sabedoria existe. Basta. Não tem subterfúgios ou celeuma. Tentaram colocar-lhe um cabresto, mas não pegou. Rogaram-lhe as piores pragas e o escrutínio esteve solto, mas não lograram êxito. A sabedoria continua com a sua telepatia pintada com o lilás das cores de Nanã.

Na sabedoria, o pensar vem carregado de justiça e amor, com profundo respeito pelo tempo de Deus e não o tempo dos homens.

O tempo, a espera e a paciência são graus evolutivos dentro da sabedoria.

No tambor de mina, na umbanda, com sua flexibilidade de ritos, crenças e sincretismos, e no candomblé tradicional, a sabedoria está presente em todos os momentos, sentidos e detalhes.

A deusa Nanã não se esquece do ser humano e preenche a sua alma fazendo e triplicando o bem aos seus filhos. Com a sabedoria desta mãe idosa, a alma de milhões de seres humanos é purificada.

Na sabedoria desta deusa da religião afro-brasileira é que está a causa do equilíbrio moral do universo.

O registro mental e da memória humana, com relação à sabedoria completa, libera uma reação que energiza pelas tradições o globo terrestre. A idade de Nanã e o seu instinto perfeito de antevisão das energias cadenciadas, ritmas e da idade das estrelas são que produzem efeito em todas as condensações planetárias.

O acúmulo natural dos saberes sobre a essência da vida na Terra tem o amor sensato e racional sobre a vida no planeta e provoca estâncias imaginárias em outros planos, que são projetadas nas realidades das cidades no astral. Nanã chefia o tratamento dado à sabedoria na realidade humana e exotérica.

A união das ciências químicas, físicas e biológicas e o conhecimento da literatura filosófica provocam um ser humano mais sonhador e, ao mesmo tempo, libertador.

Na filosofia dos sábios, não existe o acúmulo tácito de conhecimentos fúteis ou como instrumentos de vaidade, muito pelo contrário, o conhecimento das entidades não trabalha com a forma de adquirir conhecimentos, como a civilização terrestre compreende. Eles são inventores e promotores das diversas formas e dos métodos de conhecer o âmago das coisas e dos seres vivos e mortos, e nos passam gradativamente o saber em função de nossos avanços morais diários, no convívio com a sociedade e através das nossas intenções. Nanã é a professora do convívio, pois o convívio humano só pode existir com a sabedoria.

A sabedoria promove o amor entre os povos e a valorização do Brasil. Na pátria, o amor tem por obrigação pendurar e encontrar suporte e subsídios dentro da sabedoria. A realidade da sabedoria é equilibrar todas as coisas reais e imaginárias.

No matagal e na floresta, a deusa Nanã tem a sua morada com a chuva da verdade para limpar a alma humana.

A deusa da chuva espalhando a sabedoria pelas águas. A sabedoria tem várias formas de penetrar no coração dos homens. Verbo, espiritualidade, telepatia, banhos, oferendas, aromas, instinto e imaginação são alguns dos instrumentos de comunicação que são utilizados pelo orixá para abençoar os seres. Nanã tem as águas como ponte fundamental para trazer a bondade e a sabedoria aos seus filhos. As águas divinas de Nanã, presentes em todos os alimentos, penetram na espiritualidade e no axé de cada indivíduo. As águas da chuva preparam o Brasil na sua luta para superar a dor e os sofrimentos nas suas diversas fases, em envolvimentos e disputas políticas ao longo de 500 anos. O forte sentido de amor ao Brasil fortalece o povo brasileiro em cada momento e instante de seu pensamento e envolvimento.

A chuva rega o alimento, as plantações e renova as esperanças. Chuva de Nanã Buruquê.

Na chuva, o encontro de Nanã com Oxalá provocou a paz e a gratidão entre as famílias no planeta.

Nanã promoveu a reflexão poética sobre a chuva sagrada, que estabelece a sabedoria e a cultura na memória, nos atos e na forma de pensar o todo.

A cultura existe como forma de reflexão e raciocínio. Dentro das possibilidades humanas, o aperfeiçoamento é o primeiro requisito na história de formação cultural do mundo. Não existe cultura sem olhar para a frente, procurando todas as formas de crescimento espiritual. A vida carrega a morte, e a morte faz parte da vida. Quando não existe o temor do conceito, o ser humano dá um salto evolutivo que o levará ao mar revolto e à efervescência da cultura no estado da compreensão natural do que é a vida. A cultura deixa de ser revestida de temor e passa a ser o paraíso da alma.

O aperfeiçoamento do homem passa por todas as instâncias de aprendizado até começar o processo de aquisição, memorização, criação e aplicação da cultura. Na cultura, toda a formação do homem é colocada em prova. A cultura determina os pesos e a qualidade do ser e do estar. A cultura cria suas próprias normas de entendimento. Ela não abdica de nenhuma forma de conhecimento e procura na sabedoria a sua aprovação.

A Deusa Nanã está trabalhando em todo este universo, com as suas características principais, que são o amor, a cultura e a sabedoria. É a avó da humanidade, preparada para o diálogo ideal e profundo. Ela espiritualizou a cultura local, geral e humanista.

A deusa da chuva, com uma relação espiritual mítica e astrofísica com os indígenas brasileiros, espiritualizou o modo de pensar dos intelectuais e pensadores livres e dominados pela mentalidade universitária, espiritualizando a intencionalidade de radicais, brutos e ignorantes que promovem a desordem política no mundo, querendo destruir o sentimento de patriotismo e independência das nações e alterando o destino dos povos.

Na vasta e incomensurável cultura de Nanã, zelar pelo sagrado, manter a ancestralidade ativa e as tradições intocáveis são pontos fundamentais.

O princípio da ancestralidade na sua criação, no seu culto, e as tradições da memória emotiva, histórica e instintiva têm nesse orixá seu museu sagrado.

As almas puras e sem maldade ou vaidades destrutivas recebem instantaneamente o conhecimento e o afago milenar de Nanã. Os elementos essenciais de seu sentido cultural, dado ao mundo, forjaram a ideia de otimismo realista e da crítica construtiva.

A sua visão cultural derruba qualquer pensamento ou atitude superficial. Nanã Buruquê dotou o ser humano de ideias e pensamentos criativos, para que ele tivesse o livre-arbítrio.

Ela é a orixá símbolo do panteão dos deuses; detentora da guarda da história oral, cultural e moral da espécie humana.

Nanã encontrou o caminho e o espaço cultural que mais se adequassem aos povos e às nações na adaptação dos poderes temporais e atemporais da natureza holística e exotérica. Nos caminhos humanos da sabedoria e da cultura, foi esse orixá quem propiciou esta seara de possibilidades e complexidades, abrindo e acessando campos de debates, diálogos e ideias nítidas.

Foi Nanã quem formou e ensinou aos orixás a paciência e a sabedoria. Ela é a mais bem preparada na arte de resgatar e trabalhar o passado. A cultura da história, a valorização dos feitos, o heroísmo, o sentimento popular de cada época, o objetivo dos homens e dos deuses, as construções dos povos, as formações das pátrias e os livros sagrados estão cuidados e protegidos por este orixá afro-brasileiro.

A força do passado na vida do presente. O domínio e o exemplo do passado no cotidiano do ser humano. O passado como representatividade do futuro. O passado como os olhos do presente. O passado como advertência e cuidado com o presente. O passado lecionando para os historiadores sobre o entendimento do tempo e valor das coisas e da vida. O passado coordenando os pensamentos dos homens modernos. No sentimento e nos ensinamentos do passado, ela fez com que a vida tivesse começo, meio e fim. E o final é um passo para a eternidade da alma.

Nanã criou a moral universal sobre o passado do ser humano. A ideia da história e como ela é contada, passada e assimilada beneficamente. O sentido de como pensar o passado junto com todas as suas vertentes, seus modelos e moldes, sem perder a verdade e a originalidade. O sonho embutido de passado está presente na realidade dos idealistas patriotas. No passado, encontrou-se o elo perdido que deu base e sustentou as aspirações do homem nas formações econômicas e sociais na sua busca por progresso. São a história e o conhecimento geral que servem como veículo de transformação do mundo. Os heróis da pátria abrindo caminho para a justiça e o orgulho de um povo. A história e a ancestralidade servindo como estímulo de um pensamento positivo e uma vida feliz.

A deusa Nanã presenteou a humanidade com a história, a personalidade humana e a gratidão. Personificando os seres, criou a boa e satisfatória vaidade para que o homem não se perca no espaço e no universo das comunidades destruidoras da personalidade humana. O sentido valorativo dos seres humanos e sua composição mental e espiritual pertencem a ela.

A deusa Nanã, a mais sábia, a mais idosa e a que guardou a história na sua memória extrafísica e a equilibrou nos esconderijos das árvores vivas e falantes.

Fazendo uma retrospectiva do ser humano, tente imaginar se ele não tivesse memória, imaginação e história de vida. Seriam o abismo, o caos e a tragédia da psique, do espírito e da história da vida. A humanidade estaria devastada em todos os seus mínimos detalhes. As pessoas estariam fragmentadas e dissolvidas. Seria o apocalipse. O mistério não mais dialogaria com o homem. Não existiriam mais livros, religiões, religiosidades, e a catástrofe maior seria irrecuperável. Tudo seria em função da filosofia como fator de ação e não de contemplação. Seria a exigência que o homem pensasse apenas na práxis e não no sonho, na poesia e na história como instrumentos de inúmeras complexidades em suas inúmeras órbitas de vocações e descobrimentos.

Nanã, com a sua idade infinita e a sua sabedoria incalculável, foi quem registrou nas estrelas bilhões de memórias afetivas e culturais. Ela vive nas profundezas da terra a da lama. É a orixá que ensinou aos imortais do panteão divino e aos mortais da Terra a purificarem a lama.

A lama é utilizada como purificação e morada dos espíritos desencarnados que não tiveram uma conduta justa ou adequada quando estiveram cumprindo o seu carma na Terra. O peso e as cargas que a lama carrega servem como instrumentos de punição temporária para o espírito voltar à sua condição de evoluído. É a chamada lama curativa.

Nanã tem o domínio da terra, do solo e consequentemente das realidades e qualidades produzidas pelo chão, onde os seres humanos pisam. A história dos orixás, com a sua luta composta por vitórias, derrotas e aprendizado total, para que criassem fortalezas energéticas com o intuito e objetivo de proteger os bilhões de filhos na Terra, é preservada por ela.

A história dos orixás em sua tormenta, seus conhecimentos e sua forma de operar as energias em benefício dos seres humanos até se tornarem deuses está resguardada por Nanã. O seu amor pelos seres humanos é ilimitado. É a avó da humanidade. A África e o Brasil a recebem de coração e braços abertos. Seu olhar e sorriso para o Brasil e a África têm um carisma e uma meiguice jamais vista. Genuína divindade sagrada.

Nanã ensinou a magia científica aos homens sobre o método de trabalhar o tempo, as realidades e a história. É a justiça no pensar a história e raciocinar espiritualmente e qual a função do ser humano dentro desse quadro. O panorama da geografia política, do enquadramento filosófico e cármico, começou a ter sentido e a adquirir o respeito da sociedade através dos seus argumentos, exemplos e suas expressões faciais.

Nanã é a rosa mais perfumada e a humildade mais sublime. Por mais que ela não aceite ser chamada de rainha, a coroa é deste símbolo da umbanda e do candomblé, do Brasil e da África.

No nascimento dos tempos, dos sonhos e da humanidade, a deusa Nanã preparava-se para preservar e assegurar o caráter ilibado da história. Subdividindo as diversas fases em personalidades e aprimoramentos do tempo sobre os seres, ela refletiu as necessidades e as responsabilidades de cada um deles no tempo e no espaço, possuindo uma relação conclusiva sobre o saber mítico e espiritual. As idades e os acontecimentos históricos passaram pela logística e a coerência métrica e rítmica de Nanã.

Ela corrigiu a história contada e formou milhões de brasileiros inteligentes e com amor pelo próprio país.

Esculpiu no barro o homem em sua forma estética e criou a relação entre os seres e o mistério. Através das oferendas, fez a ligação do homem com sua própria história de vida ao longo dos séculos.

O prazer da contemplação histórica tem na sua racionalidade o caminho mais sólido para a motivação segura. A mediunidade de Nanã trabalha em várias fontes dentro da casa dos mortos e dos vivos. As lembranças, os apegos positivos e as saudades carinhosas são momentos nos quais ela se manifesta com mais propriedade.

Nesses três pontos da recordação afetiva, Nanã fortalece o corpo, esclarece a mente e equilibra a vida do ser. Ela adivinha e penetra no cérebro e no pensamento humano de uma forma leve e consciente, liberando as energias positivas e arrancando as energias negativas.

O prazer do exercício livre de pensar e criar é uma das suas realizações na história dos seres humanos. A composição da história diante do pensamento do homem. A separação do bem e do mal no pensar e sentir a história. A separação e a dicotomia no processar a história.

A separação entre a imoralidade com intenções políticas e a moral evolutiva e como instrumento de libertação. A diferença entre o terror e o amor. Essas questões que formam o caráter e lapidam a alma foram compostas por Nanã.

Nossa amada rainha Nanã tem no seu museu arqueológico espiritual um mundo novo e sagrado. Ela é quem faz as filtragens da nossa mente em relação ao que é fundamental saber e guardar das coisas fúteis, inúteis e desconstrutivas, que chegam com o objetivo de amassar, fragmentar e embaralhar o nosso ser.

Nossas adivinhações, lembranças do passado e as formas premonitórias que nos chegam com nitidez são pistas e provas nas nossas vidas de que ela existe e está dizendo algo.

O ser humano caminha e vai deixando as suas pegadas pelo mundo, e a deusa Nanã as recolhe para guardar no seu santuário histórico. É ela quem guarda a sete chaves o filme de bilhões de encarnações e reencarnações do ser humano.

A incrível e fantástica deusa Nanã é o maior símbolo de agregação familiar e nacional. É a patrona, mãe e avó do Brasil, da África e humanidade. A sua exuberância e o seu poder moral não conhecem limites. Basta ser bom, humilde e honesto para ser um iniciado e adentrar os portais sagrados. Ela se torna um talento em potencial do conhecimento histórico. Com os centros de memória e arquivos históricos dos orixás, humanos, espíritos e ancestrais, ela converge com maestria as reencarnações do nascimento, passando por todos os choques evolutivos até chegar aos dias atuais da humanidade. Somente a sua força e magia podem dar continuidade e prosseguimento no sentido da vida e dos mundos invisíveis.

As identidades humanas e divinas, das entidades ou dos terráqueos, são a base da reconstrução atual e futura dos povos, das nações e dos indivíduos.

O planeta Terra desapareceria sem a proteção, a preservação e o reconhecimento dos deuses- orixás.

A orixá Nanã é a professora de toda a humanidade. Ensina, educa e prepara a vida adulta no ambiente dos vivos e mortos.

O tempo de vida, a paciência de lidar com as dores, a perseverança de assegurar o cuidado com o passado humano e a bondade como norma e conduta a fizeram rainha, avó e deusa.

Todos se curvam em admiração diante desta deusa-orixá, que, com o tempo de participação no imaginário popular, transformou-se em uma figura humana carinhosa, dócil e auxiliadora dos doentes e sofredores.

Ela faz o homem nascer, sonhar, amadurecer, envelhecer e morrer. O ser humano tem a sua vida dada por ela, para voltar à natureza na morte. A orixá avó da humanidade é quem deu vida e glória eterna ao ser.

Os orixás trabalham na ação e nas vias da gratidão, nos ensinamentos do perdão e na convicção do bem e da lealdade de Nanã. No sincretismo, é Nossa Senhora de Santana. No cotidiano, é a avó querida e liberal, próxima, amorosa e receptiva, que coloca esperança e sensibilidade nos sonhos e nas realizações. Seus filhos e netos têm uma tendência a pensar intelectualmente e lutar pelos ideais de amor e liberdade, sem deixar de valorizar a hierarquia e a pátria.

Sua vida foi dedicada à causa das famílias e das pátrias. É a orixá que não permite a dissolução das famílias. Protetora do fortalecimento e da integridade familiar, nada pode destruir a família que está sob as bênçãos de Nanã.

A imagem de Nanã em um altar dentro de uma casa significa que o casal se tornará indestrutível e nada poderá abalar o amor, a paz e a ligação entre eles.

Com o poder emanado desta deusa, ela poderá se transformar em qualquer um dos orixás.

A família no conceito da deusa Nanã Buruquê é a força maior do deus Oxalá (Olorum), na vida na Terra e espiritual.

Em qualquer planeta celestial, a família é sagrada, inquebrantável e representa a evolução humana em grau máximo. Ela é a dona das pátrias e dos continentes. Família, pátria e educação moral são o tripé que dará a base para a liberdade, sem julgar os outros e aceitá-los com amor do jeito que são.

Não existiria a pátria sem a valorização da ancestralidade e da tradição familiar. Não existiria a família sem a casa, a terra e a propriedade. Não existiria a família sem o amor, a moral e o respeito às hierarquias.

Não existiria a educação moral se não houvesse a dignidade e a honra. Portanto, Nanã é a verdadeira protetora, apaziguadora e mantenedora da família. A família é a base das religiões no planeta Terra.

A orixá Nanã tem na sua essência espiritual, psíquica e metabólica uma força fora do comum em prol de um mundo mais seguro e participativo. É a fonte de energia do mundo. A energia transportadora de axé de Nanã é uma das suas marcas que são as mais apreciadas por seus filhos e netos. Essas energias são decorrentes do "Iririn" (imagens sagradas, ornamentos, adornos e objetos imantados) e são eles que se materializam no ser humano na frente do combate ao mal e às decrepitudes da vida na esfera social e sideral. A imagem imaculada de Nanã é a mais antiga dentre todos os símbolos sagrados das religiões existentes no planeta. Ela possui mais de 13 mil anos.

Sua força energética carrega todas as forças e potencialidades de milhões de tradições relacionadas com as culturas, ciências esotéricas e crenças racionais de bilhões de seres encarnados e desencarnados. A África como berço das civilizações e o Brasil como futuro e esperança maior de toda a humanidade, unidos pela eternidade, de forma indissolúvel.

A força e o poder energético desse orixá insuflam o amor e o apaziguamento em qualquer situação ou momento referente ao cotidiano dos seres. É a orixá apropriada para suprimir e debelar qualquer forma de crise, seja individual, coletiva ou familiar.

A crise para Nanã é destruída em frações de segundos, e o amor, a consideração e o perdão tomam corpo, espaço e forma. Tudo nela é integral, intenso e vivo. Ela nunca está distante ou ausente. Seu desejo ou sua vontade será sempre atendido. Realização, comprometimento e merecimento são lemas que ela carrega no seu pensamento.

É uma deusa criadora e mantenedora do universo que não possui adoradores, mas filhos pensadores, criativos e livres. A sua ancestralidade garante a fé liberta e reflexiva. Ela é a avó determinada e carinhosa da umbanda e do candomblé. A hierarquia é mantida pela sua força espiritual e moral de delegar poderes aos outros deuses. Somente se pode delegar poderes quando se é a força ancestral da natureza. A gênese, as águas paradas onde ela habita e a transformação dentro da tranquilidade fazem de seu exemplo o coração pulsante do mundo. O início de todas as coisas, dos seres e átomos têm na sua razão e emoção seu princípio vital e evolutivo. Caminhando contra tempestades, chuvas e maremotos, este símbolo inquestionável, com o seu jeito simples, simplório e aparentemente frágil, coordena toda a movimentação energética do globo.

Na vida dos seres humanos, ela está presente no olhar, no pensar e na merecida ascensão social. As lagoas, as profundezas do mar, os mangues e os pântanos são o seu ambiente e a atmosfera onde ela reina absoluta. Ela e Iemanjá, juntas, protegem e trabalham para o desenvolvimento do planeta água e terra.

Nanã utiliza a sua bengala (ibiri), coberta de palitos de dendezeiros, decorada com búzios, miçangas, patuás, fitas e palhas da costa, que são, também, usadas pelo deus Omulu. Quando a deusa Nanã está andando com a sua bengala, o mar se abre para ela passar; exatamente como Moisés no Velho Testamento. A deusa mais idosa nunca relutou e sempre presenteou os brasileiros com o seu colo e amor. Todos os graus, as sintonias e projeções sobre os níveis vibratórios, mediúnicos e evolutivos estão sob seu domínio. Nada passa despercebido do seu sentimento sofrido e esperançoso. A orixá Nanã também tem uma relação pura e sagrada com Nossa Senhora Aparecida (mamãe Oxum).

As suas ações possuem um significado especial e altruísta. A sua irradiação de coisas positivas e energéticas ultrapassam o pensamento. As modificações dos pensamentos baseados na ancestralidade e no aperfeiçoamento moral dos espíritos têm o seu semblante e jeito próprios. É a mais fiel e meiga das avós espirituais. Sempre presente e atuante. Uma consulta com a deusa- orixá Nanã representa uma vida para um ser humano de tão profundo, enriquecedor e poético que é o encontro. O regresso no tempo perpassa 70 encarnações em um momento. O brilho emanado e a pureza concebida comprovam a grandiosidade e as virtudes incomparáveis desta gigante da fé raciocinada. Ela é o perdão e a bênção maior. Sabedoria infinita em todos os ramos do conhecimento, é a orixá da inspiração de todos os escritores, poetas e escultores.

Os escritores são os que mais sentem as vibrações e inspirações de Nanã, principalmente nas criações dos pensamentos, nos contextos utilizados e objetivos traçados. O ritmo da escrita tem no seu andar e balanço nas águas a lucidez criativa mais natural e real. A sua história é a mais rica e bela. Seu coração tem o batimento do Brasil e da África. Evocar o seu nome é renascer mil vezes. Salve, Nanã Buruquê!

NANÃ ACONSELHA OGUM

A deusa Nanã aconselha o orixá Ogum. Ele estava refletindo sobre ir para a guerra no campo de batalha ou ficar na aldeia ao lado do povo e das famílias para protegê-los de ataques cruéis e armadilhas na calada da noite. Ficar para esperar os inimigos ou estar na linha de frente do combate com o seu exército. Não queria desguarnecer a sua nação. Mas, por outro lado, também os guerreiros sentiriam falta da sua luta incessante e do seu espírito de combate na linha de ataque. Ogum, aconselhado por Nanã, dividiu-se e transformou-se em dois guerreiros e participou das duas batalhas com coragem heroica e épica, vencendo ambas as guerras. Nas comemorações das vitórias, Nanã estava ao lado de Ogum para receber os louros da glória eterna.

NANÃ E O RELÓGIO

A deusa Nanã foi quem criou e inventou o relógio há mais de dez mil anos. O relógio como instrumento de regras, normas e equilíbrios. O relógio como um aparelho para o ser humano medir e adequar suas forças e suas tarefas de trabalho e lazer. Antes da sua invenção, o ser humano não tinha noção do tempo e em qual momento começar ou terminar uma colheita, uma guerra, uma festa ou uma homenagem. Os rituais não tinham hora para começar ou terminar. Tudo estava nas mãos da interferência e intercorrência das forças da natureza. Com a invenção, propagação e utilização do relógio, o instrumento tornou-se um aliado para uma vida mais prolongada e coordenada. Conhecendo a psicologia dos seres e de que forma eles despendem seu tempo, Nanã formou novas gerações com o espírito intrépido de viver, trabalhar e sonhar. O tempo agora estava sob o controle dos deuses e dos homens. A umbanda e o candomblé estavam sob a regência de Nanã.

SENHORA DOS JURAMENTOS

Nanã é a deusa que fez com que a humanidade fizesse o "juramento da justiça e da moral". Ela é a mãe e a avó dos seres humanos. O seu poder de comando e ordem é acatado, valorizado e admirado por todos os orixás. "Orixá da justiça", como é chamada e proclamada em todos os graus e níveis da evolução humana e divina, Nanã se correlaciona com os arquétipos e com as energias multilaterais com todos os orixás com uma naturalidade de matriarca da humanidade. Seus filhos, Omulu, Oxumaré e Iroko, carregam seus traços e a sua relação com a paz, o amor e a justiça, e utilizam como fonte irradiadora de princípios e preceitos os seus amuletos sagrados, tais como o brajá — seu principal colar — todo fabricado e burilado com pares de cauris. Uma homenagem merecida à mãe e avó da humanidade. A moral intacta, a palavra empenhada e a justiça sempre foram o seu lema, objetivo e legado.

- **Data festiva**: 26 de julho
- **Bebidas**: vinho ou água de coco.
- **Locais de recebimentos de oferendas:** lodo, pântano, lama, águas calmas e paradas.
- **Sincretismo**: Santa Ana.
- **Símbolos**: ibiri (cetro de palha e búzios)
- **Saudações**: Salubá.
- **Animais preferidos**: rã, cabra e galinha.
- **Dias da semana**: sábado ou terça-feira.
- **Números prediletos**: 3, 4, 9 ou 13.
- **Plantas preferidas**: agapanto, assa-peixe, manacá, cipreste e arruda.
- **Flores**: flor mimosa, brota sobre o calo (família da melastomatácea belúcia) e hortênsias.
- **Pedras**: ametista, rubelita, sugilita e fluorita lilás.
- **Metais**: ouro branco e níquel.
- **Oferendas**: canjica branca cozida e leite de coco. Colocar a canjica em tigela de louça branca, despejando mel e uvas brancas por cima.
- **Rituais como oferendas:** milho branco, arroz e dendê. Tem também ameixa, com batata doce e jabuticaba, regada com vinho rosé.
- **Guias**: Branco, azul e vermelho.

DEUSA IEMANJÁ

A deusa das águas e dos mares. A orixá feminina. A verdadeira rainha do planeta Terra. Um símbolo religioso universal. A guerreira invencível, que lidera e representa o amor, a lealdade e os princípios do bem e da consideração.

Uma deusa que carrega as vibrações positivas no sentimento e nas virtudes. O seu sentimento de amor e de compreensão representam a figura da mãe, com a sua grandeza espiritual infinita.

Iemanjá é uma deusa belíssima na sua estética física e fisionômica. Mãe, apaziguadora, reflexiva, instintiva e geradora da humanidade. A sublime mãe da espécie humana. A orixá mais famosa, conhecida e presenteada pelos seus milhões de filhos espalhados pelo Brasil e pelo mundo.

Iemanjá tem um renome nacional e internacional absoluto. Em cada canto e local dos 8.515. 767, 049 quilômetros quadrados do Brasil, ela é chamada, honrada e proclamada. O Brasil é uma civilização onde Iemanjá reina soberana. As suas festas são eventos culturais, religiosos e místicos simplesmente fantásticos.

As suas festas são cerimônias e homenagens com alto teor de fidelidade e gratidão; estão entre as maiores do mundo. O Brasil para e reverencia a mãe do mundo. A dona, patroa e juíza dos mares e das águas. As praias do Brasil (nove mil quilômetros) ficam completamente cheias. As comemorações e os presentes ofertados a ela são algo de uma grandiosidade sentimental e espiritual. Todos os anos, de uma forma original, angelical e muito simples, milhões de pessoas — das mais complexas e diferentes religiões e regiões do Brasil — vêm prestar a sua homenagem e solidariedade a esta majestade.

O Brasil, que é a pátria do evangelho e o coração da humanidade, tem em Iemanjá o princípio criador e motivador. Na passagem do ano, os fogos nas praias e as comemorações com todos os milhões de brasileiros usando roupa branca, fazendo seus pedidos, abrindo champanhe para brindar, lançando seus perfumes ao mar e seus barquinhos de isopor feitos à mão e carregando pedidos são de arrepiar e emocionar. As rosas brancas e vermelhas, orquídeas e crisântemos são depositados e entregues com esperança, amor e racionalidade. A fé provada e comprovada.

Dos 215 milhões de habitantes do Brasil, entre 120 e 150 milhões vão prestar homenagens e fazer os seus pedidos nas praias para Iemanjá no final do ano. Para se ter uma conclusão específica do poderio dela, basta dizer que na cidade de Guarujá, no litoral santista do Estado de São Paulo, com uma população estimada em 310 mil, no período de passagem de ano, de 31 de dezembro a 1º de janeiro, mais de dois milhões de pessoas, com suas crenças, seus costumes e suas realidades, vestem-se de branco e vão até o mar prestar tributo a essa portentosa, dinâmica, compreensiva e sábia deusa. O mar de Iemanjá abraça espiritualmente o povo e a multidão em uma comunhão transcendental, acima de qualquer adjetivação. Algo fabuloso, inacreditável e sem precedentes na história das religiões. Dentro das concepções de vida dos terráqueos, o Brasil e o seu povo multiétnico e multifacetado salvaram o espiritismo de raiz e de identidade popular do esquecimento e do abandono. Esse é um legado indescritível de Iemanjá. O dia dela é 2 de fevereiro. Um dia de festas, homenagens e agradecimentos. Prestam-se honras a ela dois dias ao ano.

O sincretismo ajudou a impulsionar as religiões afro-brasileiras a povoar a mente, a alma, o coração e os símbolos interiores dos homens da nação. No sincretismo (terminologia mal utilizada, empregada e interpretada pelos leigos), o sentido religioso ultrapassou a dimensão do imaginário e proporcionou novos sonhos e diversas opções de realidades aos umbandistas, com mil possibilidades de aceitação e reconhecimento popular. A expansão dos fatores místicos, curativos, morais e libertadores tomaram novas versões. A versatilidade, o dinamismo e principalmente a compreensão e a aceitação da morte diversificaram o pensamento e os planos na evolução espiritual e psíquica.

Iemanjá, a rainha das águas, rejuvenesceu o espírito de bilhões de seres humanos. O contato com a água harmoniza o ser. O banho com o pensamento voltado para Iemanjá purifica a alma. Essa purificação segue e acompanha o perispírito e os níveis qualitativos do sentimento. O racionalismo feito com o espírito brasileiro e africano, interligado com a cultura mágica dos babilônios, as pitonisas egípcias, o budismo tibetano e a emoção das lutas no mundo espiritual fortalecem a força desta deusa e dos seus filhos.

O Brasil é a pátria celeste, espiritual e regenerativa do planeta Terra, e Iemanjá escolheu esta terra para renascer no mundo visível, recuperando o seu altar sagrado e o prestígio moral e midiático. O Brasil a redescobriu. Ela plantou a semente da recuperação, do perdão e da fibra na alma do Brasil.

Ela derramou o seu choro de dor e tristeza e limpou a imoralidade, a corrupção e todos os distúrbios provenientes dos homens. Esta orixá, que habita o mar, salvou a energia positiva e recompôs a ordem hierárquica entre os seres depois da hecatombe ética e nuclear. Neste ponto fundamental, ela reorganizou os mares e separou as águas, determinou seus volumes e suas metragens, remanejou a ideia do ser sobre as funções aquáticas e principalmente livrou a espécie humana dos medos, das fobias e dos pavores dos mares.

A invenção da água é um presente dela à órbita terrestre, aos planetas celestiais e ao relevo paradoxal da cosmogonia. O deus Olorum e a deusa Iemanjá trabalharam juntos na criação das águas.

As lágrimas de Iemanjá formaram os oceanos e produziram as águas dos rios, lagos e das cachoeiras. Mãe da humanidade. O sonho e a consecução, a realidade e a permanência da vida na Terra. Uma deusa que controla a necessidade biológica da água no organismo humano.

A composição da biologia, água, sensibilidade, lealdade e do destino do homem na Terra pertence a ela. Na origem do homem e nas suas evoluções, ela formou detalhada e minuciosamente todo o mecanismo físico, orgânico e psíquico da espécie. Essa tarefa precisou da precisão científica, da sensibilidade feminina e das sutilezas da alma.

O mar é de Iemanjá, com seus mistérios e segredos, suas realidades e ficções, seus medos e suas soluções. Vida, morte, reencarnação e ressurreição.

A reencarnação dos seres humanos, nascidos e processados nas águas de Iemanjá, ultrapassou os bilhões. Seres que são criados, formados, evoluídos e preparados para a vida terrestre nas águas dos mares. Humanos que nascem com recursos e repertórios físicos e espirituais para viverem dentro das águas por até mil anos, renascendo posteriormente.

A deusa Iemanjá mora no mar e em terra. Carrega as energias negativas e destrutivas do planeta para o fundo do mar e revigora as energias positivas dos seres humanos na caminhada rumo ao entendimento e à sabedoria. É impossível na consciência humana dimensionar a importância, o valor e o poder espiritual desta deusa marítima. Dentro de toda a essência humana habita o coração pulsante dela.

Suas percepções levaram os líderes espirituais da estratosfera a avisarem os povos da Terra "Brasilis" da sua importância e valor. A mãe Iemanjá é a eleita do Brasil como representante da fé, da esperança e do desapego. Essa composição priorizou seu semblante e simbolismo estético como razão e luta, comedimento e integralidade, amor completo e interpretação do ser. "Deusa, rainha e mãe" são três alcunhas sagradas que a projetaram em todo o planeta com vida inteligente e nos diferentes lares das nações. Ela está presente em tudo e em todos. Na gestação e no vencer. Uma mãe com a raiz identitária encravada em solo de Tupã e Yara. Em solo de Ogum e Xangô. Nas florestas de Oxóssi e Nanã. A umbanda e o candomblé de mãos dadas com Iemanjá.

A frequência e a vibração dela fortalecem e transferem energia para todos os guias da umbanda, que baixam à terra com a finalidade precípua de ajudar e evoluir os seres humanos. O seu significado em milhares de centros, tendas e terreiros espalhados pelo mundo é algo inexplicado para os que não têm fé.

Esta deusa fantástica é o ponto de convergência dos encarnados e desencarnados. A sua energia provém da Lua e alimenta o equilíbrio energético do planeta Terra, e, principalmente, do Brasil.

As purificações executadas são algo fascinante, pois englobam todas as tipologias físicas e as misturas em um processo digno, democrático e honrado, para melhor compreender a vida e chegar à excelência do espírito e da sabedoria.

Ela é a mãe do sincretismo religioso do Brasil, e tem por base e princípio o sentimento oculto da magia, do amor e da prosperidade. Compreender e não julgar, deixar que o tempo seja o senhor da razão, educar com carinho e respeito — esses são os princípios de mamãe Iemanjá.

A deusa-mãe protetora da humanidade reconduziu o ser humano ao ideal de alegria, prosperidade e solidariedade. O poder místico do seu cabelo comprido resume a sua história diante da tradição e da sua ligação com os seres da Terra. O seu vestido azul-claro, seus cabelos compridos e desalinhados, alta e imponente, fisionomia desenhada e esculpida a fazem um ícone da estética da beleza física. A sua representação icônica tem um poder de auxílio e aconselhamento fora do normal. A deusa do mar acalanta seus filhos encarnados pela sua proximidade com o povo, perfazendo um caminho de superação e dor. A evolução espiritual passa por essa realidade e por esse panorama.

A deusa do mar dizia que o homem deve primeiro evoluir e aprimorar-se para somente depois buscar uma justificativa ou um apontamento político em seus diversos graus, níveis e envolvimentos. Ela mexe, sacode e faz eclodir todas as linhas e os guias espirituais da existência.

Este tópico é fundamental para a energia do planeta se concentrar em chacras, totens, perispíritos e símbolos de tradições renovadas no campo energético de todas as esferas planetárias. Os cabelos compridos e negros representam o prosseguimento da espécie humana na luta honesta pela sobrevivência.

A deusa Iemanjá personifica a unidade e a comunhão energética e espiritual no planeta, utilizando todos os ritmos de vibração nas diversas correntes, linhas e nos ideogramas de sinais e de ideais construtivos. A união pelo pensamento positivo e revelador e, principalmente, o equilíbrio no trato e suas relações com as pessoas a fazem a mais amada e respeitada. Por ser mãe, ela sabe o momento adequado para efetuar uma crítica ou fazer um afago. Saber reconhecer o poder transformador do elogio, mesmo que o ser pensado não o mereça, é uma de seus milhares de virtudes.

Em uma sociedade punitiva, onde o medo e a insegurança conquistaram um trono no mais alto pedestal, ter uma mãe como ela é garantia de amor, confiança total e diálogo libertadores. Essa deusa utiliza o diálogo evolutivo e nunca o extremista, politizado e perturbador da lei e da ordem. Olhar, tratar com afeto e construir o otimismo e a autoconfiança no ser humano são seus objetivos e que estão sendo cumpridos há milhões de anos. É um orixá, mãe dos orixás. Um orixá que brinca, sofre e se revigora nos mares. O Brasil é o seu paraíso reflexivo e mágico.

Iemanjá é a mãe da pátria brasileira e da humanidade. Com as suas pembas brancas, ela esculpiu e desenhou o mar; e, com o auxílio das ondas sagradas, projetou as diversas moradas nas sucessivas encarnações da espécie humana.

Desde crianças, os brasileiros sabem que na questão dos cabelos longos e negros de Iemanjá repousa a energia e a representação simbólica da sua força vital, tal qual Sansão. Suas filhas sagradas devem deixar também os cabelos compridos e, quando cortados com a devida permissão e ressalva espiritual de Iemanjá, jogá-los no mar. A divisão energética e o respeito que proporciona aos mitos folclóricos divinos e inquestionáveis são princípios de doação, solidariedade e moral, mas, principalmente, de desapego aos bens materiais.

O sentido, o instinto e a escolha da fé perfazem um caminho objetivado por todos os filhos e por todas as filhas da deusa do mar. O seu vestido azul-claro também retrata o signo da vida, do renascimento e da beleza. Uma beleza sexy, calma, fulgurante e decente. Uma unificadora de casais. Beleza do amor imortal. Beleza do amor eterno, formado pela paixão imediata ou pelo tempo. Ela está em todos os sentimentos. Do amor com pimenta, remelexo e direcionado ao infinito; amor e beleza montados e cavalgando com o cavalo de Ogum sob as ondas do mar. Cabelo esvoaçante dos tempos dos deuses míticos e reis da humanidade. A deusa dos mares calmos e vadios. Temperamental e ativa, com a glória de quem gerou a espécie humana. Transfigurando para a narrativa dos terráqueos, a coroa do planeta sempre será dela. Meiga, doce e carinhosa, mas que sabe guerrear com a perícia e o destemor dos mais valentes duelistas medievais. No momento do atabaque, os ogãs sentem na alma a mãe Iemanjá impulsionando a Terra para todos os seus filhos merecedores. Liturgia, criação e método. Libertação dos seres da escravidão, das gaiolas do mal e das baixezas. Destruidora de críticas humilhantes e traumáticas de falsos intelectuais, ela consegue sintonizar com diferentes frequências, mas com um único diapasão todos os planetas com as suas diversas formas de habitação e aceitação.

A mãe educadora. A professora dos professores do planeta na sua corrida pela evolução. A consciência do homem pela fé, para posteriormente receber a racionalidade dentro do mar da igualdade e do sentimento. Observando, abraçando e protegendo, ela conhece os seus filhos nos seus mínimos detalhes. Ela nunca tirou a individualidade dos seres humanos.

Cada qual com as suas peculiaridades, realidades e seus costumes. Seus filhos, aficionados, apaixonados e divulgadores, não perdem jamais sua identidade, personalidade e assinatura próprias. Ela ama as características individuais e sabe a importância da pátria e nação no equilíbrio psíquico e moral de todos os homens. E ama o povo e o indivíduo que seguem o caminho da honestidade e da bondade.

Esta deusa tem uma certa similaridade na mitologia grega com Netuno. Iemanjá é incomparável, pois a sua vida, simbologia, representação e a própria criação da humanidade e dos orixás a colocam no topo do panteão sagrado, à frente de qualquer relação mítica, histórica ou folclórica. Reconhecida e idolatrada com racionalidade, é a mãe sagrada da humanidade. Todos os mitos da história europeia serviram como sentimentos e momentos preparatórios para a chegada da monumental deusa.

Seus filhos sabem utilizar o perdão definitivo, mas não possuem tendência para esquecer traições ou ataques gratuitos. São seres humanos completos que possuem uma história de vida com densidade, sentido espiritual e alta evolução diária.

A influência desta rainha no Brasil é perceptível em todos os setores, lugares, em todas as situações, nos envolvimentos e nas realidades. Na sua cadência, a vida dos homens recebe o espírito da paz, da humildade e perseverança. Novamente essas três virtudes são carregadas por esse símbolo do mar de água salgada. O sal para limpar, curar e educar os seres com problemas mentais e para compreender os defeitos e distúrbios alheios. Em todos os momentos de impactos turbulentos, uma palavra de reconforto e amor. A humildade de nunca desistir do ser humano e moldá-lo em prol da liberdade, do amor e do sentimento de identidade. É a essência do livre-arbítrio e a perseverança de lutar e concretizar sonhos e desejos.

Na criatividade, é a mãe absoluta. Criar pensamentos, ações, atos e inventos. Os seus filhos possuem a improvisação encravada na alma.

Ideias novas, momentos únicos e reações que o instinto desconhece — esses são alguns dos predicativos desta santa verde e amarela, azul e branca. Criar onde não se pensa criar, aceitar o amor como ele é, sobre o exato instante das mutações do sol e da lua, e conectar-se com os planetas siderais são algumas realidades que a mente humana, quando conectada com esse campo magnético, produz.

Iemanjá está presente nas setes linhas da umbanda. Interligada em todas as frentes, falanges e nos exércitos espirituais no trabalho extenso e intensivo de evolução do planeta Terra. É a orixá do amor incondicional pelo Brasil.

Ela foi a professora, criadora e madrinha da cultura popular e erudita do Brasil. O mundo aos pés desta sagrada dádiva que habita as profundezas do mar.

Os rios desembocam no mar. Rios de mamãe Oxum e sua delicadeza complacente e o mar revolucionário de Iemanjá. Ambas trabalham juntas, mãe e filha — vida e reencarnação – sucessivas no espírito sideral de Deus. Deus nascido, criado e moldado naturalmente no mundo mágico e carnal.

A deusa Iemanjá e a deusa Oxum, mãe e filha em uma simbiose sagrada e holística. No Brasil, Iemanjá é a orixá mais comentada, discutida e popular. Ao longo dos séculos, ela obteve o seu lugar merecido. Enaltecida por todos os povos indígenas e os afro-brasileiros com o nome de Janaína. Ao seu lado, cultuado na Nigéria, no Benin e no Togo, está o deus Olokun.

Olokun é o deus do mar e protetor dos rios e mares da África, mas com extrema ascendência espiritual e vibracional no Brasil. Ele é o fator da masculinidade nos mares interplanetários.

Ser valorizado e popularizado no Brasil é o sonho e o desejo de Olokun. Tudo é uma questão de tempo. A força, o poder e a diáspora o fizeram um deus incrível e sentimental.

A deusa Iemanjá está trabalhando no universo aquático. Olokun é uma entidade divina e merece ser tratado como tal.

A palavra Iemanjá, no dialeto iorubano, significa "cujos filhos são peixes". Ela é indiscutivelmente a mãe sagrada da espécie humana, dos seres vivos e de todas as religiões existentes. As religiões se originaram desta rainha das águas, em seus cultos, cerimoniais, rituais, em suas simbologias e formas de oração. Ela deu uma nova diretriz aos milagres, trazendo a ciência espiritual da cura para dentro da essência humana. A criatividade na essência humana provém dela. Suas ideias sobre fé são ligadas e atadas ao mar.

A importância e o poder das águas nas nossas vidas orgânicas, psíquicas e espirituais são presentes dela para a humanidade. Iemanjá está no comando dos seres humanos, fazendo o planeta emergir das águas profundas.

Misteriosa e salvadora do tempo e espaço, revelou a vida no mar para nós de uma forma natural e única. Sonho personalizado e encravado na paixão ilimitada e na doçura da paz amorosa.

Inventora do sentido valorativo da vida e do sentir emotivo, ela se sacrificou pela humanidade em benefício de todas as encarnações. Com os seus poderes sobrenaturais, Iemanjá aproximou o homem simples e humano do templo sagrado. Quando Iemanjá anda pela praia, formosa e perfumada com o seu vestido azul-claro e seus cabelos rebeldes, o mundo dos vivos e o dos mortos a contemplam. As águas doce e salgada se misturam, e Iemanjá e Oxum dominam todas as energias possíveis da vida, da recomposição e da ressurreição.

Deusa que curou milhões de seres humanos com problemas renais. É ela que ensinou e possibilitou o transplante de rim e salva milhões de vidas. Educou os homens na parte nutricional e filtrou o espírito aquático das coisas e dos elementos materiais.

Na reencarnação, ela ensinou o entendimento e a compreensão aos homens rebeldes que não aceitavam a morte. É a doutora mais valorosa e prestigiada da Terra. Ensinou a medicina aos homens e modificou o tratamento médico desde a antiguidade até os dias atuais, introduzindo um tratamento humanitário e seguro aos bilhões de adoentados pelo mundo, conhecido e desconhecido.

Com seus búzios e suas conchas, Iemanjá teceu e delineou a geografia espiritual e territorial da vida. A sua dança sensibilizou e educou todos os seres interplanetários.

Iemanjá é a deusa do Rio Níger e dos mares da Nigéria. Uma sereia é o seu arquétipo espiritual. Tem no seu simbolismo místico e mítico o nome de Iemanjá Awoyo, que significa a deusa mais sagrada, tradicional e bela; lutando nos mares bravios e descansando nas lagoas. A água doce a recupera das batalhas no mar.

Iemanjá Ogunté, guerreiro com adaga (espada curta) e escudo azul e branco. Ogum e Olokun guerreiam ao seu lado.

Iemanjá Asaba é a sabedoria de escutar, sonhar e adivinhar. Trabalha junto de Orunmilá com o Ifá.

Iemanjá Asesu é a cuidadora da matemática, da economia e da contabilidade do planeta. Atende a pedidos e realiza sonhos.

Iemanjá Apara trabalha como médica de almas e do corpo físico. Trabalha com Omulu na fronteira do espaço para salvar vidas.

Iemanjá Konla trabalha junto com Ossaim nos segredos e nos ocultismos das folhas.

São inúmeras as possibilidades de adaptar-se e concluir missões de equilíbrio na Terra. Janaína-Iemanjá é uma junção muito comum no palavreado e nas terminologias brasileiras. Os deuses da humanidade se conectam e conversam, debatem e se posicionam diante das diversas realidades do planeta e dos estados contemplativos da alma e das sucessivas reencarnações desenhadas por ela. A deusa Iemanjá sempre abre a conversa com a sua cultura universal e democrática, respeitando cada função e mentalidade dos deuses mitológicos da África, de Roma, da Grécia, Dinamarca, do Haiti e Brasil.

IEMANJÁ E OLOKUN

Iemanjá, rainha do mar, e Olokun, rei do mar. Uma união consistente e mágica do poder da vida espiritual sobre a vida material. O mar com um único sentimento de reconhecer as aptidões e vocações da alma e dos sentidos dos seres. Nossa idolatrada rainha do mar, certa vez, brigou com Olokun por ciúme e o expulsou do mar. A sua casa, que eram as águas profundas, estava sob comando absoluto de sua esposa. Para que Iemanjá o perdoasse, ele foi obrigado a cumprir sete missões sagradas: evitar sete guerras com consequências terríveis para o planeta Terra. E assim foi feito. Então, Olokun foi perdoado e voltou para sua morada, recebendo de volta sua coroa.

SALVADORA DOS AFOGADOS

Iemanjá é a mãe que salva e protege os seus filhos dos perigos do mar, das ondas traiçoeiras, dos redemoinhos, das falésias e dos desmaios momentâneos dos surfistas quando caem das pranchas e se espatifam nas ondas. Ela desperta os homens dos perigos do mar, cochichando em seus ouvidos que evitem nadar em mar profundo e em lugares peçonhentos. Nos resgates, em acidentes com vida, é ela quem recupera o corpo e a alma da vítima, salvando-a da morte. Todas as pessoas salvas no mar, em guerras marítimas, em passeios de lanchas ou em turismo de navios, são salvas por esta deusa notável e incomparável. Quem reconhece o mistério do mar e a sua força está protegido e amparado por todas as encarnações e reencarnações. Ela cura, salva, protege e recupera a moral, a autoestima e a valentia. Deusa Iemanjá a nossa mãe.

O CHORO E A REVIRAVOLTA

Nanã, a avó de Iemanjá, tinha uma relação de extremo respeito, carinho e principalmente aconselhamento com a sua neta. Sua avó já a tinha avisado dos perigos e da postura cruel e desumana que o homem tinha começado a forjar na Terra para com o seu semelhante. Iemanjá, quando sentiu e percebeu a desgraça da Terra com os seus horrores, suas traições, invejas e vaidades, começou a chorar e produziu o mar. O mar nasceu do seu choro em função do desapontamento com a mentalidade bárbara que o ser humano reproduziu ao longo da história. Depois da tristeza e da constatação, a rainha do mar sacudiu a poeira, suplantou as dores e superou as dificuldades. Retomando sua força e esmagando seus medos, ela reconstruiu e rejuvenesceu os seres humanos, fazendo-os ver a necessidade do amor, da justiça e do carinho. Iemanjá recuperou, regenerou e apoderou o ser humano no caminho da evolução moral e espiritual, preparando-o, ao lado de Omulu, para ser feliz nesta e em outras vidas.

- **Data festiva**: 2 de fevereiro
- **Bebidas**: champanhe.
- **Cores**: branca e azul-claro.
- **Locais de recebimento de oferendas**: areia de praia e mar, principalmente nas ondas.
- **Sincretismo religioso**: Nossa Senhora da Conceição, Virgem Maria, Nossa Senhora dos Navegantes, Nossa Senhora das Glórias e Nossa Senhora das Candeias.
- **Símbolos**: lua minguante, ondas e peixes.
- **Saudações**: Odoyá.

- **Animais preferidos para convívio**: peixes
- **Dia da semana**: sábado e sexta feira.
- **Números prediletos**: 7
- **Plantas preferidas:** erva-de-santa-luzia, guabiraba anis, unha-de--vaca e pata-de-vaca.
- **Flores**: todos os tipos e de todas as formas.
- **Minérios**: chumbo.
- **Pedras**: pérola, calcedônia e água marinha.
- **Oferendas**: peixe, arroz-doce, canjica branca e manjar.
- **Guias**: azul e branca ou azul-claro.

DEUS OMULU

O poderoso detentor do poder mágico do universo. Senhor da vida e da morte. Aquele que detém o destino dos seres humanos, colocando-o na palma das mãos. A força da decisão e da resolução. A determinação na vida e na morte.

Omulu, aquele que crê. Orixá da fé, do nacionalismo e do padrão qualitativo. É o deus do destino. O detentor da sabedoria da ressurreição, do nascer e do morrer. O sentimento de estar vivo e atuante no seu meio e da percepção da morte no seu sentido concreto.

É o determinante senhor das reais possibilidades da vida. O contexto do espírito no tempo e no espaço. Real, soberano e desconcertante. Destruidor do mal. Capacidade única de enxergar a vida sem devaneios ou sonhos incertos. Não aceita a utopia que derruba e isola o homem. O receptor dos laços sagrados das esferas energéticas. Deus por mérito e por merecimento. Ele entrega a vida e a morte.

Guardião do castelo sagrado dos espíritos em franca recuperação moral. Este orixá soturno, cativante e indecifrável é o mais temido e admirado.

Provindo de uma família de heróis, Omulu desmontou o mal e promoveu a bondade como lema e princípio. A virtude da justiça no desvendamento dos segredos do nascer e do morrer. A sua luz é irradiada, plantada e difundida pelo coração forte, amoroso e principalmente pela sua certeza da evolução dentro dos princípios da fé raciocinada e da fé sentimental.

A armadura de Omulu carrega a moral interior do nascimento e da morte e suas sucessivas fases e seus ciclos de reencarnação.

Nada pode com o deus Omulu. É o rei da malícia, ninguém pode enganá-lo. Não existe objeção nas funções de Omulu e sua fúria santa, pautada pela honestidade e conduta ilibada. A Terra tomou forma geográfica com a pujança de Omulu.

Um rei coberto de palhas com a simplicidade da verdade. Com ele a verdade e a simplicidade possuem sabedoria.

A fé que emana dos seus poros é formada por reflexão, coragem e união com Olorum. Pai e juiz dos caminhos e descaminhos do destino humano. O conceito humano de viver e morrer, com os pesares, as alegrias e os traumas, é deste gigante da fé afro-brasileira e que se estendeu ao mundo através da sua chegada ao Brasil. O país verde e amarelo difundiu ao mundo o poder e a força deste orixá.

O deus Omulu é o senhor sagrado que se sacrifica para o ser humano aprender a evoluir e andar no caminho da justiça. Na origem, no aprimoramento e no cumprimento da justiça, Omulu trabalha com Xangô.

Omulu está relacionado ao mundo dos mortos. É desse plano que produz e realiza as suas missões e seus intentos na seara das reencarnações em seus diversos níveis, graus e ciclos. A morte anda ao seu lado. Detém o destino da morte e da vida. Ele lida com frieza e sensibilidade com a desencarnação. É o senhor da razão e da ciência.

Ele é o criador da vida, da morte e da imortalidade. Os imortais e heróis são cuidados e eternizados por ele na Terra e nos planos superiores. A morte e a vida como etapas de crescimento espiritual e moral. A conduta do bem como regra, norma e disciplina.

É o deus que esclarece e explica filosoficamente sobre a vida e a morte. Ele cuida do desencarne, principalmente quando o ser humano ainda está preso à matéria orgânica e não aceita a morte como mais um processo cármico em prol do progresso absoluto.

Omulu está presente em todos os pensamentos humanos, tanto os negativos quanto os positivos. O destino dos seres humanos está sob seu domínio. Chefe absoluto dos hospitais, dos doentes e dos sofredores. É ele quem promove a cura e proporciona os remédios. Cuida dos mortos e dos vivos. Está presente nas curas, nos hospitais e nos velórios. Acompanha seus filhos durante todas as eras e os períodos. Rei dos cemitérios e o primeiro dos deuses-orixás a receber a alma dos mortos (desencarnados) no campo avaliativo e explicativo. Recebedor maior dos desejos de cura e recuperação, representa o mistério.

Uma das oferendas mais apreciadas é a pipoca feita com azeite-de-dendê, feijão-preto temperado e camarão também com dendê.

É o senhor dos mundos, templos e das realidades concretas. Como se fosse um determinismo hegeliano ou um raciocínio weberiano.

É o guardião, chefe e pai de qualquer forma ou ideia projetada, coordenada ou construída para o apoio e o auxílio aos homens. Guardião com a coroa de ouro das falanges dos Exus dos trabalhos de ajustamentos e aprimoramentos das estruturas intelectuais e mentais dos terráqueos.

É o guardião dos orixás, espíritos, querubins, anjos, criaturas e seres em processo de humanização nas cepas das micropartículas.

É o deus que avisa, alerta e mostra o seu dever para escapar do risco da morte. Omulu é o que assume responsabilidades e forma seres humanos que não podem falhar. Com ele não se pode blasfemar ou deixar de cumprir obrigações. A palavra espiritual, empenhada e falada, deve ser cumprida.

Prometer é cumprir sem meio-termo, lengalenga ou imaturidade. Lembrem-se de que não estamos lidando com um ser humano irresponsável, mas sim com um rei, que através da sua luta, do seu caráter e de sua dignidade se tornou um deus. Os méritos adquiridos e advindos da sua tarefa brilhante, executada com fé e amor pela evolução das almas encarnadas, dos planetas habitados e desabitados, e, principalmente dos ensinamentos passados aos bilhões de seres humanos, o fizeram um deus maior, inquestionável e singularíssimo. Na essência da honra e no núcleo de formação de todas as correntes sanguíneas, elétricas e instintivas dos seres e das coisas, Omulu é o criador, mantenedor e professor. Um orixá que rege o tempo de sua permanência na Terra.

O invencível que domina as consequências do ato, fato e dos desdobramentos. Nada pode passar despercebido. Possui particularismos no seu reinado sobre o mundo. Quando chamado, pode colaborar na criação de ideias e pensamentos abstratos e subjetivos. Mas o seu ressurgimento no tempo compreendido pelos homens é fundamentalmente na ação sobre os destinos e instintos humanos; portanto, inescapável diante do futuro da Terra e dos seres. Ele sabe conviver com reveses e ensinar os homens o remédio que a dor do sofrimento pode causar. É um orixá do diálogo e da conversa franca e inteligente, mas o tempo para este controlador de vidas não volta atrás.

O tempo na concepção de Omulu é a preciosidade do estado humano na Terra. E o homem, por mais imperfeições que possua, tem por necessidade ter uma vida em busca da perfeição no seu sentido mais flexível e justo. Não pode regredir e nem se acomodar. O tempo tem uma lógica única para esse orixá. O tempo tem interfaces e polifases, regramentos e desprendimentos, evoluções e involuções na roda do espaço e na imagem da forma de sinais e arquétipos. A umbanda é o tempo marcado pela sabedoria das entidades. O candomblé e a umbanda se completam, formando uma unidade. É este o tempo da junção, da força e da certeza da sabedoria universal que os polos cósmicos demonstram na sua exatidão psicológica e espiritual.

O deus Omulu detém milhares de segredos sobre a origem da vida, do tempo e das coisas. Os homens que cumprem o seu "carma" na esfera terrestre não podem conhecer e compreender o mistério.

Os mistérios é que são os verdadeiros artífices da fé. A fé é povoada de mistérios. Quando o espírito humano aceita o mistério da vida, está preparado para encontrar os deuses do universo e beber da sua fonte de sabedoria. O fator corpóreo impõe certas limitações ao ser humano. É aí que entra Omulu energizando o ser humano, no seu campo vibracional, e iluminando as suas fases de amadurecimento. O fogo, a quentura, a emoção e a necessidade da boa e inteligente vaidade são sinais energéticos de Omulu-Obaluaê.

Omulu e Obaluaê são formas reais de energia concreta, imagética, simbólica e espiritual que definem fases cronológicas de um mesmo deus, servindo como referência para os homens organizarem o seu inconsciente dentro dos parâmetros libertários da umbanda. O nome de Omulu é o deus idoso, corresponde à sabedoria, à experiência total, ao mundo conhecido, observado e impulsionado ao maior grau de perdão e amor. Ele é a vitória sobre o tempo. A derrota do tempo limitador. É a glória do eterno que forma seres completos (anjos, mártires e guerreiros alados). São todas as fases, os ciclos, cultos ocultos, as magias e transformações dos níveis cosmogônicos dentro de um pote para servir a moral humana e a mente aturdida dos seres absorvidos pela vaidade e pelo orgulho do consumo desenfreado ou das ideologias que criam as separações e as divisões entre os seres. É o deus que cura os males da vida e rejuvenesce a mente. É o rei dos orixás, pois, os abençoados Preto-Velhos estão trabalhando juntos.

O deus Omulu é filho de Nanã Buruquê e sua madrinha é Iemanjá. Família de deuses. São milhões de destinos nas suas mãos e nos xaxarás (cetros).

O xaxará (cetro) carrega todas as dores, os males e as tragédias dos seres humanos. Deus Omulu limpa as maldades e os destinos torpes dos homens com o seu instrumento sagrado, o xaxará, redecorado com conchas e búzios, fitas e patuás.

Um orixá com milhares de funções. Desde o preparo para a morte, ressurreição, reencarnação, restauração espiritual e estruturação mental e corpórea.

A sua missão é de pacificar a Terra, embora seja o único com poderes para destruir as doenças da humanidade inteira. A paz no planeta vem dele. O que ele conhece a nenhum outro orixá é dado o direito de conhecer. A construção, o pensar e o raciocinar o tempo como instrumento da rotina humana são originários de Omulu. Ele escolheu a realidade e o contexto nos quais o ser humano está inserido.

O peso dos séculos e das eras em suas costas encurvadas torna-se leve para este deus receptivo, original e valente. Ele tem o poder divino de todas as entidades dentro dele. De tão grandioso e poderoso, criou a simplicidade e a humildade aos homens para que discernissem sobre a relação humana com o prazer, a dor e a inevitável morte.

Quieto, pensativo, introspectivo e meditativo, com o seu brilhante e fraterno trabalho poupando os seres da dor e do medo, se fez o mais sábio entre os sábios.

Obaluaê é a juventude, a força das energias centrífugas, o poder do fogo na terra vermelha. Aquele que detém a chama da vida.

Obaluaê é a outra metade de Omulu. O Omulu jovial é o Obaluaê na sua forma de luta, vida e guerra pacífica. Guerra no combate às energias do mal que visam a destruir o amor e a bondade.

O Deus Obaluaê é o mais atlético e belo orixá. Físico perfeito, músculos salientes e bem desenvolvidos em proporções que o deixam bem equilibrado em todos os sentidos pensados e examinados. Seus correspondentes são as naturezas geológicas, antropológicas e espirituais. A tradição da força e o histórico do valor espiritual governam o seu destino. Nada passa despercebido ou inalterado, tanto no mundo terrestre como espiritual. É o Hércules africano a enfeitiçar o planeta Terra para os povos e as nações adquirirem amor, respeito, solidariedade e inteligência.

Obaluaê é o vulcão e o furacão na força da natureza da Terra sob a coroa de bilhões de seres humanos. O respeito e a afirmação deste orixá ao ser humano e aos seus problemas na Terra são de um significado evolutivo inimaginável e ilimitado.

Obaluaê faz uma reforma íntima e uma regeneração energética de reerguer qualquer ser humano ou entidade estagnada por negativismos. Destruidor de atavismos, energias deletérias e trancadas e vidas truncadas. Com sua legião de exus, ele desfaz qualquer trabalho do mal ou de entidades demoníacas. Um gigante entre os deuses.

Quando ele (entidade divina) incorpora no candomblé, a sua dança é algo incrível, introspectivo e rejuvenescedor. Vestido com palha da Costa do Marfim, na África, e coberto dos pés à cabeça, promove uma renovação no ambiente, removendo e minando todas as cargas negativas e miasmas para debaixo da terra. Sua dança afro-dinâmica, com a melodia própria dos atabaques santificados e com o seu corpo curvado pelo tempo e pela luta incessante, é um dos momentos mais lindos na formação de um novo mundo, onde o homem tem por princípios o respeito e a compreensão das tradições. Oxalá e Olorum estão trabalhando ao seu lado na construção de um Brasil soberano e poderoso, onde possa fluir a principal civilização da Terra.

Coberto da cabeça aos pés, Omulu-Obaluaê não gosta de mostrar as suas feridas e marcas pelo corpo; neste ponto, ele é sincretizado com São Sebastião, São Lázaro e São Roque. Omulu venceu dores, chagas e pragas sem reclamar ou repassá-las a nenhum ser vivo ou morto, seja uma entidade mortal ou imortal. A sua dança, chamada de Opanijé, é ritmada, compassada e sutil. Um pé fincado e preso e o outro pé tocando com a ponta dos dedos o chão. Corpo trêmulo como se estivesse tirando todas as moléstias e os problemas do mundo. É o orixá mais amoroso e misericordioso do panteão divino. É o deus-orixá tido como o "Senhor Varíola", em função de ter no passado salvado milhões de crianças com varíola e outras doenças mortíferas (moléstias de todos os tipos).

Quando a mãe Nanã assopra as palhas de Omulu-Obaluaê, ele transforma-se em um gladiador invencível, admirado e temido. Atraente, charmoso e encantador. O "doente" vira um herói intrépido. O potente deus toma corpo e aparece para o planeta Terra. Brasil e África unidos na recuperação moral e ética da espécie humana.

Omulu-Obaluaê, com seus arquétipos, suas transparências e seus perfeccionismos, forma uma dualidade dentro da unidade. São duas faces de um mesmo deus (mocidade e velhice), bem concluídas e resolvidas. É o ego na sua mais sublime configuração, com o tempo absorvido, bem experimentado e centrifugado de novas energias esclarecedoras e reflexivas. A imortalidade desse deus afro-brasileiro faz uma revolução energética no campo terrestre e produz um autoconhecimento extremamente seguro. A sabedoria chega ao homem naturalmente. As suas ondas e seus passes magnéticos, nas instintivas criações da consanguinidade espiritual dentro das viagens interplanetárias, fazem com que as ideoplastias e os ideais racionais sejam repletos de envolvimentos com os terráqueos. A sua forma real é grandiosa e bendita, onde o amor incondicional predomina. É o único deus-orixá que transita em todos os graus, níveis e infernos. Chamado e cognominado de Xapanã, como já foi dito, abraçou o mundo para recuperar os homens de suas variabilidades e ondas deformadoras.

Omulu é o árbitro e senhor da verdade. Um orixá que acompanha o ser humano em suas viagens pela Terra desde tempos não relatados e contabilizados pela ciência até os dias atuais. Todas as etapas de dor, evolução, involução e quedas. Do pior ao melhor indivíduo. Ele está sempre acreditando, ensinando e perdoando. É o orixá que ensinou a misericórdia ao homem.

O homem pode cair até a condição de ovoide, virar um espectro ou ser rebaixado até a condição zoomórfica, mas o admirável deus Omulu jamais o abandona ou esquece. A sua grandeza é inenarrável. Os orixás sempre o respeitam pelas suas obras e sua imensa persistência.

Ele modela o corpo e a alma do ser humano, libertando sua mente das neuroses e obsessões. A mente humana — presa nas cadeias da vaidade, da arrogância e da presunção — só pode ser libertada pela sua ordem.

A tradição dos elos estéticos e espirituais vão formando novos planetas e estrelas. O universo é obra de Omulu. Tudo feito como um verdadeiro artista. A balança da justiça e do equilíbrio das correntes energéticas que promovem a vida inteligente na Terra possui o sentido, o olhar e a sensibilidade das construções apuradas e milimétricas deste símbolo da umbanda.

Sua potencialidade reúne vários conhecimentos. A alquimia e o feitiço evolutivo modificam destinos, alteram posturas e fazem cessar guerras. A parapsicologia individual e coletiva estabelece um novo tempo e mundo.

Ele pode modificar o raciocínio reflexivo de milhões de seres humanos instintivamente em frações de segundos. Detém o poder de transformar a maldade em bondade e a involução em evolução.

O deus absoluto, com a ideia do absoluto atada em seu instinto intelectual, tem uma missão esplêndida e de muita responsabilidade, que é ser o médico dos próprios orixás. Essa missão, função e dádiva pertencem a ele. Ser o médico dos seres humanos tem um peso, mas ser o médico dos orixás tem um peso triplicado.

Dentro do seu auxílio está agir para que a crueldade da baixa magia e o astral pervertido, detrator e vampiresco, sejam fragmentados e pulverizados na energia da pureza restauradora da reencarnação e ressurreição espiritual. Somente este orixá pode recuperar e dar vida aos defuntos e semimortos de inúmeros planos dimensionais ao redor da estratosfera. Independentemente das circunstâncias e os acasos do destino, Omulu-Obaluaê é a principal referência na redenção do espírito e das almas nos mundos da reencarnação.

A energia magnética e os laços luminosos de afinidade entre os espíritos encarnados, os fetos em formação, mas já compostos pelo amor dos deuses e dos espíritos protetores, que acompanhariam a nova vida, também são funções dele. Além de preparar os orixás e anjos para a chegada do bebê, construir toda a sua parte mental e orgânica e impulsionar o seu destino. É o orixá mais ligado à formação moral do homem. Em quase todas as ocasiões, Omulu define quais os deuses-orixás que vão acompanhar os seres humanos na sua estadia pela Terra. Apenas ele tem a permissão de Oxalá para retirar da terra (solo, subsolo e todas as camadas mais profundas) as energias sagradas e profanas para transformá-las em oxigênio e fluidos reflexivos. Da morte e das cinzas nasce a vida. A dor da morte, para a criação de uma nova existência.

Quando Omulu coloca as mãos na cabeça de um ser humano, ele o está abençoando por setenta encarnações.

Único que pode transitar em todas as dimensões, nos umbrais, infernos subdivididos com vários comandantes, mundos decrépitos e enlouquecedores, cidades do mal e planetas de ideologias de terrorismo e que prega a revolução dos costumes, querendo derrubar o sistema capitalista, e concomitantemente com a conexão divina, habitar e adentrar as cidades de elevadíssima condição moral e espiritual, espalhando o amor, a tolerância, o sacrifício em prol da humanidade e a bondade, tais como a cidade espiritual chamada de Nosso Lar, localizada em cima da cidade do Rio de Janeiro, e Alvorada Nova, em cima da cidade de Santos, no litoral paulista.

No brilho da luz e na escuridão da falta de luz, em frações de segundos, ele se faz presente. É o orixá que transpassa o pensamento, a ideia, o medo de enxergar os problemas e as soluções, a ascensão e queda e, principalmente, a elaboração em todas as etapas da criação do ser humano. Ele está em todos os sentimentos do homem, contrabalanceando as vitórias e os fracassos. A alegria vira uma eternidade, e a imortalidade é uma realidade próxima e participante de todos os povos.

A ascensão e a queda do ser humano, de acordo com o seu merecimento e dentro do processo de aprimoramento intensivo e sistemático, são algumas de suas funções.

As oferendas passam em primeira instância por ele, para somente depois de energizadas chegarem aos outros deuses-orixás. Ele combate os ladrões de almas; os destruidores da honra e da segurança íntima do perispírito; e os sugadores de sangue dos vivos e dos mortos.

Se não fosse Omulu, o universo e os seres estariam estagnados e paralisados pelas vibrações negativas. A ascensão social como lição e sintonia com Oxalá, ao lado das desestabilizações econômicas e éticas dos homens, está sob vigilância deste deus.

O pensamento de um filho de Omulu permite a cura, a paz e a tranquilidade da alma. A sua força irradiante não suprime ou submete o indivíduo a uma idolatria, muito pelo contrário, ele liberta as capacidades cognitivas, descritivas, simbólicas e a inteligência criativa na sociedade e na solidão.

Ele une solidão e comunicação individual e coletiva dentro do ser humano. O ser introvertido e extrovertido trabalha para se formar o equilíbrio moral e ético. Não se renega o apelo espiritual na formação do ego.

A caridade é o principal vínculo desse deus com os seus filhos na Terra. Caridade para pensar, criar e agir, sem perder a referência da personalidade individual. A reforma dos pensamentos e das atitudes. A caridade nos seus níveis, graus e em suas nuances mais sutis fazem escada a um novo ser, mais evoluído, espiritualizado e consciente do que é a vida. Não existe falar ou pensar em Omulu sem relacioná-lo com a caridade. A caridade mora dentro do seu coração. A reforma íntima do homem só pode ser processada e gravada nas páginas sagradas do Universo, se houver a caridade como base e sustentáculo. Todas as normas e os detalhes da convivência humana na Terra e suas regras, benevolências e atitudes, sensatas ou não, são submetidos ao olhar e à sua análise.

Antes do nascimento da observação e do instinto, Omulu já existia com as suas ideias e histórias. As ciências da antevisão, as percepções do mundo visível e invisível, a vida em processos de procura pelo pensamento criativo que conduzem ao equilíbrio os que creem e promovem um sentimento de amor à pátria e à identidade nacional. Ele mexe e alavanca o amor universal dentro de um campo mágico. O segredo da vida está neste contexto da entrega e do sentimento da fé.

Ele é a presciência do tempo. O gerador de todos os processos cármicos de aprendizagem. Aquele que fez nascer e conservou a espécie humana dentro das cestas de palha da Costa. Fez nascer, protegeu e curou o homem da sua total aniquilação e do maquiavelismo imposto pela política global.

Omulu possui a gênese e a missão sagrada de todas as religiões espirituais. Ele é um pai, expositor e médico. Sem o seu trabalho, iria ser colocado em prática o travamento mental da sociedade e o mundo retornaria à brutal "Idade da Pedra Lascada", pois ele preparou o cérebro humano para o discernimento das coisas.

No período da antiguidade, a antipatia, a discórdia e o medo impuseram uma vida desgraçada às comunidades, cidadelas e aos estados. E ele dotou os homens de simpatia e coragem na conclamação do amor e da vida plena. Omulu é o deus maior.

QUEM DESENCARNA PASSA POR ELE

O deus Omulu cuida da matéria biológica e do espírito. Ele é o único orixá que trabalha com a cura, a morte e todas as formas de desenlace da vida humana. Esse deus está presente em todos os hospitais e prepara o ser humano para aceitar a morte e se desvencilhar do corpo físico. Criador dos hospitais e das casas de recuperação ao longo da história, Omulu é o que criou e coordenou a saída do espírito do corpo físico do doente e da vítima, para que, logo em seguida, ele voltasse e contasse o que presenciou no outro plano. Ele mostra a verdade das outras esferas espirituais para a espécie humana fundamentalmente crescer, evoluir e deixar de ser uma criança mimada em idade adulta. Ele é o que derruba as ilusões fantasiosas da vida e apresenta uma nova possibilidade e perspectiva de renascimento. É o deus que nos mostra que a vida real não está na Terra. Um orixá tão grande que é o professor dos médicos. Quando uma pessoa falece, independentemente do motivo ou da causa, o primeiro orixá a recebê-la é o deus Omulu. O deus da justiça.

OMULU SALVA OGUM

Na principal batalha para salvar a humanidade inteira, o guerreiro Ogum, depois de derrubar metade do exército de psicopatas, é ferido quase mortalmente no coração. Com uma flecha cravada no peito e prestes a morrer, ele não teria chance de sobrevivência. Assim, tragicamente, a humanidade iria perecer e desaparecer. Mas eis que surge o deus Omulu com os seus poderes sagrados de médico e salva Ogum, realizando uma cirurgia perfeita no seu coração, reassumindo sua função de pai da medicina. O deus Ogum vence a guerra mundial, e a humanidade definitivamente está salva. Omulu e Ogum, a dupla divina que salvou o ser humano da morte, da decapitação e do desaparecimento.

OMULU É O CONTROLADOR DAS EPIDEMIAS

O deus Omulu é o orixá que controla, destrói e faz desaparecer as epidemias, pestes e doenças contagiosas. Quando as inúmeras epidemias mortais surgiram para liquidar a humanidade no início dos tempos e da vida, coube-lhe a incumbência de solucioná-las e brecar sua propagação. Com seu poder indissolúvel e invisível, ele é o protetor e médico dos humanos. Toda a ciência médica provém deste deus, que formou os médicos que trabalham e atendem os seus pacientes pelo mundo. As pandemias de todas as eras e dos tempos são cessadas e dissolvidas do seu poder letal pelo deus Omulu. Ele se tornou o mestre dos mistérios da Terra.

- **Data festiva**: 2 de novembro
- **Bebidas**: vinho branco ou tinto, aguardente ou água mineral.
- **Cores**: roxa, branca, preta e vermelha.
- **Locais de recebimento de oferendas:** praias, cemitérios e grutas.
- **Sincretismo**: São Lázaro, São Roque e São Bento.
- **Símbolos**: cruzeiro do cemitério e o manto de Omulu.
- **Saudações**: Atotô Omulu!
- **Animais preferidos para convívio:** cavalo e cachorro.
- **Dias da semana**: quinta-feira.
- **Números prediletos**: 4 ou 13.
- **Plantas**: picão, canela, jurubeba e erva-de-bicho.
- **Flores**: todas.
- **Metais**: chumbo.
- **Pedras**: ônix e demais pedras negras.
- **Rituais com oferendas**: feijão-preto temperado com cebola, dendê, camarão seco e pipoca.
- **Guias**: preto e branca.

DEUS OXALÁ

O orixá que carrega a simbologia do mestre Jesus Cristo. O Deus Oxalá é o pai construtor e professor da história humana. Um mito de vida, honra e lealdade com a espécie humana.

Oxalá fez uma escola de seres humanos dotados de alma, coração e cérebro. É o orixá com maior proximidade do sacrifício e do calvário de Cristo.

Sua representação na alma do indivíduo e dos povos é algo inacreditável. Suave como uma borboleta e pesado como um furacão, essa imagem de Oxalá foi repassada pelo próprio Cristo para que ele estivesse santificado nos sonhos e nas gêneses dos homens.

Jesus Cristo e Oxalá formam a sintonia mais perfeita e o dueto mais evoluído moralmente; deuses que estiveram presentes na Terra e transformaram o tempo no poder da compreensão e da exposição do mérito e do conhecimento místico.

Oxalá e Jesus Cristo construíram suas façanhas com amor, fibra e extrema valentia, enfrentando todas as tentações para que refutassem suas missões ou se desviassem delas. A razão formada dentro da reflexão tem o sentimento da liberdade e imortalização.

Oxalá, como Omulu, tem o destino dos homens em suas mãos e o poder de interferir no raio de ação cerebral do ser humano.

Jesus Cristo e Oxalá são os pais da humanidade, que entregaram o seu destino para salvar a personalidade do debacle moral de todas as eras e dos tempos históricos.

Jesus, o Salvador, e Oxalá, a sua versão afro-brasileira. Mas ambos são uma coisa só. Essa dupla interferiu nos valores artísticos, simbólicos, metafísicos e nas realidades vigentes e criadas. O semblante da imaginação tem como meta alargar o modo criativo e criador do homem.

Oxalá se revela com muita proeminência pelo sonho, produzindo pistas, certezas e liberando o imaginário. Os inconscientes dos outros são determinados pela energia desse orixá rei. Os inconscientes, que são questionados por muitos psiquiatras, conseguem receber por transferências de Ogum todo o mistério da vida e da morte, e conseguem ter o seu peso de transformação na melhora humana em sua relação com a família e com a pátria.

Deus Oxalá é como se fosse um pai de todos os orixás. Um mestre absoluto, que espalha a centelha divina para todos os seus irmãos orixás do panteão afro-brasileiro.

É um orixá que permite que o mistério permaneça interligado no consciente humano e na forma que o indivíduo tem de sugestionar o inconsciente do ser. Uma relação professoral e de busca por um auxílio hierárquico.

A face de Jesus Cristo e a face de Oxalá estão unidas na criação da humanidade. Um único propósito de amor, moralidade e inúmeros sentidos de compreender, sentir e viver, dentro da complexidade do imaginário e do real.

A criação da humanidade para Omulu provém do barro lapidado, esculpido e projetado para ser o mais evoluído dos seus feitos e de suas realizações. Com a criação dos orixás, a proteção da espécie humana e animal estaria definida.

Oxalá preparou o terreno espiritual e moral para a chegada deles no Brasil. E este país foi escolhido para ser o celeiro e o paraíso dos seres de carne e osso, dos seres espirituais e dos deuses vindos da África.

A alma imortal tem uma luz racional e emotiva, que cultiva e une os povos. Oxalá produziu a ideia de alma imortal e transpassou o tempo e o espaço na busca por esse desejo. No mundo pós-moderno, os sentimentos são desvalorizados, a relação com o sagrado é vilipendiada, a compreensão da importância das tradições é menosprezada e o olhar para qualquer ideia de absoluto é classificado preconceituosamente. Este orixá enfrentou todas as eras e os malefícios do ceticismo filosófico para vencer e sobrepujar o tempo e o conceito do saber. Ele prorrogou o amor, a bondade e a justiça pelo globo terrestre.

A alma imortal de Oxalá fez do planeta Terra um templo de religiosidades e sabedorias. É nessa corrente que Jesus Cristo se une no sincretismo com o orixá rei para dar a sua assinatura na Terra e fazer com que o homem saiba que tudo tem um começo, um meio e um fim.

Quando a alma imortal penetra na mente do homem, ela produz um novo significado diante do imprevisível e do improvável.

A mente imortal é desapegada do poder e do luxo, conseguindo encontrar uma resposta segura quanto ao sentido da vida. Os heróis do cotidiano e que possuem um sentimento de ideal patriótico em qualquer parte do planeta seguem os princípios de devoção e respeito à Terra e à hierarquia espiritual.

O mundo atingiu o progresso moral e econômico com a certeza da imortalidade da alma. A alma imperecível e os deuses atuando no seu raio de ação formaram um pensamento de amor e respeito. O amor e a pobreza encontraram uma resposta segura na alma sólida e evoluída no paraíso de Olorum.

Olorum, o pai dos orixás, criou os orixás na cultura e no folclore da Terra. E, com o tempo e a atividade das divindades, uma nova e unificadora religião se propagou no mundo. A concepção e a dialética da alma imortal receberam as bênçãos do poderoso Oxalá.

A alma imortal abre o campo para que os homens adentrem o mistério das sensações e do mundo sensitivo, introduzindo o ser humano na mais alta esfera da sabedoria e do conhecimento.

A sociedade contemporânea e pós-moderna tenta liquidar os sentimentos humanos ligados ao mistério da vida e da criação, e é o deus Oxalá que não permite que essa onda de descrença plantada e formada para desestabilizar o homem possa se propagar como uma verdade inquestionável. É ele o dono do mundo e da verdade científica das encarnações, auxiliado por Omulu, o médico de todos os povos. Essa dupla fez com que a humanidade desse um salto qualitativo de mil anos no campo da emotividade, dos instintos e da ética moral.

O orixá Oxalá foi dotado de poderes infinitos para criar a Terra e formar todos os continentes, estados, espaços territoriais, as nações e ideias de patriotismos e religiosidades. O deus maior Olorum fortaleceu e fez de Oxalá um deus criador, chefe espiritual e litúrgico do panteão divino.

Olorum é o capacitador do apaziguador Omulu. Este orixá caminha com a imagem do criador da Terra e expõe sua personalidade aos seus filhos. É o menos controvertido dos orixás e o que possui uma tranquilidade iluminada.

A sua responsabilidade de entender a importância das diferenças e dos modos de ser, pensar e sentir de cada nacionalidade é uma de suas principais virtudes. Omulu realiza com o seu toque mágico um planeta Terra livre e complexo. Ele produziu um patriotismo sagrado que liberta o ser.

A disciplina desse orixá é algo enobrecedor. Ela foi colocada como base para o ser humano se relacionar com a natureza nos seus diversos segmentos, a biologia e toda a Terra. Dotou o homem de sentimentos hierárquicos e disciplinadores. Ele é a esperança do planeta no sentimento de fortalecimento interior dos seres. O seu trabalho é diário, formando o senso de justiça e responsabilidade.

Para que Omulu realizasse a missão de criar a Terra, foi necessário pedir apoio e proteção ao deus Exu. Sem o senhor das encruzilhadas nada seria possível, e essa missão seria abortada.

O deus Exu foi o seu guardião, cuidando de seu corpo, sua mente e seu destino com os seus poderes de guerreiro insuperável e invencível. Ogum Matinata é o defensor dos campos onde são feitas as oferendas ao deus Oxalá.

Exu e Ogum, esses dois orixás sagrados, protegem e dão tranquilidade para Oxalá poder disparar o seu axé ao planeta. Exu e Ogum fazem o trabalho de cuidar e amparar o maior dos orixás, que é Oxalá. Sem ambos, lhe passando segurança e autonomia, não existiria a Terra e os orixás; e os seres humanos estariam na fase do homem de Neandertal.

Oxalá já deu ao homem tantas provas da sua grandeza moral e do seu espírito ético e agregador. A planta e a realização do mundo vieram do seu sopro, da sua improvisação, do seu talento de esculpir, da importância que lhe compete para a tarefa assombrosa e, principalmente, da sua firmeza interior.

O sentimento unificador dos orixás contemplou a saga de Oxalá, que produziu o afeto e o apego do homem pelas suas raízes, identidades e pelos chamegos formados pela cultura do habitat. A genealogia do caráter nacional é um presente deste orixá maior.

O homem completo e integrado no seu tempo e espaço é fruto do desejo de Omulu e Oxalá, sob os augúrios de Olorum.

O deus Oxalá também formou a necessidade das oferendas, ao lado do deus Exu. A convivência entre esses mitos e essas lendas da vida humana é que deram um novo contexto ao praticar a meditação espiritual e ensinar os rituais tribais. Essa parceria deu origem ao rito sagrado.

Para manter o equilíbrio entre as tribos africanas que guerreavam entre si, ele era chamado para apaziguar, evitar o rompimento e o ódio generalizado. Da sua força e calma nasceram o reatamento de amizades e a cultura diplomática.

Esse orixá possui um pouco de cada orixá dentro dele. E essa complexidade dos deuses dentro de sua personalidade é que o fazem o mais compreensivo de todos. A sua tolerância sem julgamento é que permitiu a evolução humana na Terra. Tolerância não significa permissividade ou conduta dúbia, e sim um olhar seguro e transparente com os carmas do homem.

Oxalá é o condutor moral do planeta. Cada pedaço de terra ele compôs e formou com amor e dignidade. A Terra se tornou um espaço habitável pela espécie humana em função deste orixá intelectual.

O mundo dos terráqueos é de autoria desse orixá, que tem na sua sensibilidade, organização e nos seus pensamentos fascinantes um templo de sabedoria para ensinar a delicadeza aos seres.

No seu ego e na sua multiplicação comunicativa com os espíritos de todas as falanges, linhas e eras, ele vai criando, unindo e produzindo novos mundos. A sua linha sutil e conservadora de compreender as necessidades e os objetivos das entidades diversas é que fazem dele o mais admirado líder dos orixás.

A sua alma imortal não está presente apenas na religiões afro-brasileiras, mas, também, no budismo e no simbolismo hindu. O mundo gira ao seu lado, como o Exu Gira-Mundo. Novamente a união se processa entre o destino humano e divino, o darma e o carma, vida, morte e purgatório.

Na mitologia grega, seu paradigma é Zeus. O simbolismo de Zeus e a sua importância sintonizam melhor com Oxalá. Não possui as cóleras e a possessividade do mito grego, mas, sim, a sua fina sintonia com o futuro e o equilíbrio na Terra.

Oxalá é o colecionador de histórias, o memorialista e o bibliotecário das magias sagradas criadas por ele na execução da Terra.

Na sua composição e nos seus desdobramentos como entidade divina, Oxalá assume a forma de Oxalufan (deus mais velho) e Oxaguian (deus menino). E essas formas assumidas transformam o mundo e as personalidades humanas de um modo bem substancial. Através do contraditório e das uniões espirituais a sua grandeza resplandece nos caminhos de seus súditos e filhos.

Na nação iorubá, Oxaguian é a força da juventude. Os rompantes, a altivez e a liberdade. O progresso material e as construções emotivas que promovem o crescimento econômico dos povos são obras desta pujança juvenil. Nada pode com a volúpia jovem para moldar corações e mentes. Foi sincretizado com os principais guerreiros da antiguidade, que compuseram o panteão de santos da humanidade, mas a sua relação de maior apego e devoção, citada por milhões de seguidores, filhos e discípulos, é com o Menino Jesus de Praga.

Oxaguian é um intrépido lutador e símbolo da vanguarda moral do mundo que utiliza do vigor físico e da potência espiritual para ajudar o seu povo.

Este orixá, menino e adolescente, com a força de um herói combate todas as injustiças do planeta, carregando a bandeira da união entre o Brasil e a África.

Essa força hercúlea é bem nítida e perceptível quando um homem está à beira da crise, da depressão e dos abismos do sistema de manipulação humana. Na dor intensa e nas injustiças mais grotescas é que se sente a face e a alma imortal de Oxaguian.

Nos momentos em que a dor aumenta, ele surge para recuperar as esperanças perdidas. Na sua expressão mística e esotérica, o tempo colabora no entendimento humano sobre a morte e o aprendizado proveniente da alma divina.

É o orixá que tem um poder de convencer, comandar e ordenar de um jeito absolutamente fantástico. A sua superioridade é algo comovente, pois o seu domínio vem da sua natureza e metamorfose. Oxaguian conhece a sua trilha e a sua estrada. É um alpinista com destemor e um conquistador com seu desejo de vencer e ajudar os seres sofridos. Um deus menino que entende as intempéries da espécie humana mais do que qualquer um.

Ele é o resplandecer da beleza e possui todos os rostos, as fisionomias e os cacoetes dos jovens no mundo. É criança, adolescente e homem maduro e vivido. Tudo purificado e moralizado. Com suas capacidades extrassensoriais de um deus, apresenta-se como um orixá menino. Uma espécie de filho de Oxalá.

Oxaguian tem um sentimento de unir as forças da juventude por um amor fiel, simples e verdadeiro que brota da mais sublime e honrada pureza. Trouxe a lei do respeito e da bondade, com a proteção de Xangô, que é o seu irmão mais velho.

A força conseguida por Oxaguian marcou a origem e a trajetória dos orixás. Ele guardou em sua caixa de brinquedos todas as leis criadas por Oxalá e Xangô, sob o amparo de Olorum. Uma criança que, no momento das guerras da formação do universo, onde os gigantes, ciclopes e animais terríveis se digladiavam e queriam o "Livro da Lei", tomou a iniciativa e o guardou. Não se poderia imaginar que a salvaguarda e o caminho, o nascimento e a formação dos seres estivessem protegidos por um menino.

Quando tomou a decisão de proteger o "Livro da Lei", ele transforma-se em um deus-orixá. A lei passa a ser o seu legado, marcado pelo seu semblante e com a atmosfera prosperando ao seu favor. A atmosfera é um dos seus desígnios, com a sua potencialização na emotividade humana.

Um deus-orixá que uniu o planeta Terra às galáxias, produzindo um sentimento de vitória e esperança incalculáveis. Os planetas celestiais trabalhando pela evolução do homem e do sentimento coletivo de poder e conhecimento.

Oxaguian é o senhor do poder divino e da união fraternal e digna entre os seres humanos e as crianças. Ele que formou a união indissolúvel e sagrada entre pais e filhos. Familiarizou a humanidade sem menosprezar e atacar o sentimento de identidade pessoal e de unidade nacional.

Um rei que sabe lidar com o poder da guerra e a esperança da paz. Ele se transmuta em duas entidades coerentes e solitárias no sentido de encontrar o ponto de convergência do amadurecimento humano atando-se ao mundo e à linguagem divina.

No campo de Oxaguian, a sua proteção é total e absoluta. Por ser jovem, ele tem facilidade para entender a linguagem e as formas de produzir culturas e subculturas do presente, futuro e das interioridades juvenis que permeiam as modas e os modismos. Através do seu poder, o jovem deixa a ignorância e entra no campo do heroísmo dos sábios.

Ele se liberta apoiando e modificando a indiferença e o comodismo humano. Possuidor de um senso de autonomia e libertação, o seu legado interferiu na construção e formulação da ideia de sentir a plenitude na vida e a ampla felicidade de estar na Terra.

Oxaguian formou uma juventude culta e segura do seu dever de preservar o respeito ao próximo e o seu direto a saudar a alegria com o conhecimento filosófico espiritual.

Na sua meninice eterna, ele conheceu a essência da filosofia metafísica e concluiu que o ser é uma união espiritual entre o jovem e o velho. Ele formou a união indissolúvel entre o vigor e a experiência, modificando o sentido do conhecimento lógico. As duas gerações passaram a ter uma sintonia mútua através das bênçãos deste orixá menino.

O tempo para ele é uma roda-gigante, com suas experiências e as suas alegorias de criança. O adulto preocupado e com crises existenciais recebe na sua alma imortal o pai Oxalá e seus sentimentos de superação e melhora. Os espíritos sugadores e devoradores de almas sairão do caminho e um mundo de energia e luz brilhará no cerne humano.

No ritual, o deus Oxalá é homenageado por último por ser o grande mentor e símbolo de todas as gêneses. A origem de todas as ideias e formações nasceu com Oxalá. A sua ligação com Exu é perfeita, pois apenas ambos podem penetrar sem qualquer devaneio ou reação no mundo dos terráqueos.

O mundo de Oxalá se completa com a simbiose perfeição e imperfeição na evolução e no reconhecimento das ações humanas.

A vida na Terra se conecta com Oxalá na sua brandura e no seu esplendor. Do seu desejo, vestes e olhos nascem, Oxaguian e Oxalufan.

Oxalufan é o velho. O tempo de vida e seus milhões de encarnações recompostas pela sua origem divina. É a experiência a serviço de uma vida mais serena e calma. Ele é a contraposição de Oxaguian.

A sua vocação é de saber o momento exato das reações humanas e como controlá-las. É ter o tempo como um instrumento de racionalidade e com pensamentos de busca da normalidade. Esse orixá múltiplo produziu a cultura dos mestres do tempo. A velhice através dele deixou de representar um problema. Os seres humanos aprenderam como envelhecer e a necessidade da morte.

Oxalufan é o orixá que através do seu biotipo divino, dado por Oxalá, sua imagem refletida na alma imortal, produziu a relação do homem no seu aspecto mais liberto, conflituoso e acessível no quesito esperança e beatitude. Ele abriu o campo das contradições evolutivas na estrada de Deus. Soube enxergar o amor e a correlação de forças como cerne e essência do homem na Terra.

Esse orixá tem um templo de paz na sua alma. O congá (lugar sagrado de oferendas e moradia dos santos) é um esplendor com Oxalufan e Oxaguian operando milagres com suas estatuetas abençoadas.

A imagem de Oxalá é um senhor de barba branca e espessa, vestido com roupa branca e com um cajado solene e imperial. No topo do cajado há uma pomba branca, símbolo da paz e da liberdade mundial sobre a Terra. Oxalufan e Oxaguian vêm junto para reunificar as almas no planeta.

Oxalufan dança nos rituais (xirê) do candomblé com o corpo curvado, com um aspecto de cansado, portando um cajado (opachorô) de metal prateado. Oxaguian dança com um escudo, uma espada de Ogum e um lenço branco amarrado na cabeça (protegendo-o das invejas e das maldades). Também pode ser representado como uma espécie de aço comprido com a estatura de uma bengala com a ponta de cima arredondada, onde se vê o desenho do mapa do mundo. Como se ele estivesse carregando a criação dos povos e das nações na sua mão direita.

Os participantes do ritual recebem a verdade com leveza e delicadeza. A influência de Oxalá sobre os orixás e os filhos da umbanda e do candomblé é simplesmente magistral. Você recebe a sua bênção e sente uma vontade de chorar de alegria recompensadora. Choro de amor e de poder ser o escolhido. Choro de poder ajudar espíritos sofredores e necessitados. Choro de ter uma nobre missão na Terra. Todos que se relacionam com o contexto e o ambiente sagrado que o deus-orixá Oxalá propicia estão cumprindo uma função especial.

Oxalá tem a autonomia para aconselhar com brandura e sapiência. Ele fez surgir a humildade e o aprofundamento espiritual. Os "Pretos-Velhos" trabalham ao lado de Oxalá. A sabedoria, a compreensão do mundo e as simplicidades dos afazeres cotidianos e domésticos são atributos de Oxalá que os "Pretos-Velhos" colocam em prática com o seu poder de amar e perdoar.

Oxalá carrega valores morais nobres e elevados, proclamando a unificação do amor universal. Seus escolhidos são seres com poderes sobre-humanos e paranormais que possam ser os faróis condutores de uma sociedade mais justa, culta, carinhosa e comprometida com valores religiosos. Os homens na Terra ainda não sabem o poder insofismável deste orixá conclamado como o "Pai" das nações.

O serviço praticado e pensado pelo nosso pai Oxalá restaura e renova as mais nobres atitudes de uma conduta genuinamente honrada, coerente com o tempo e precisamente compreensível aos homens.

Quando Olorum fornece e dota Oxalá de poderes absolutos, baseados no seu potencial genuíno e cosmogônico, o mundo e os seres humanos passaram a receber forma física e corporal. As esculturas feitas com o barro mágico criaram a forma humana, o seu cérebro e a sua vocação. E essa forma humana foi copiada do modelo divino dos orixás. Esse é um dos motivos da proximidade entre deuses e homens.

Os deuses do Candomblé o apelidaram carinhosamente de "O Deus do Pano Branco" e o "Mais Evoluído dos Orixás".

O culto iorubá tem em Oxalá o grande pai dos humanos e do globo terrestre. Ele é tido no sincretismo como o símbolo de ligação e reatamento com a cruz de Cristo. O ponto de convergência das religiões afro-brasileiras com o cristianismo tem nele um mártir e um ser absoluto, acima das contradições e construtor da sabedoria unificadora entre orixás e humanos.

O seu ponto riscado na umbanda é a cruz emitindo raios de luz no centro da bandeira.

A grande festa popular para Oxalá, uma homenagem belíssima e composta por uma imensidão de significados, ocorre na Bahia na lavagem da escadaria da igreja de Nosso Senhor do Bonfim. A lavagem na escadaria corresponde a remissão dos pecados e a purificação das almas e dos espíritos. Os pecados são dissolvidos na humildade de lavar as escadas. Seria uma espécie similar ao ato de lavar os pés de Cristo. As águas que vão limpar as escadas são preparadas, benzidas e oferecidas como um ato de perdão para o "Deus do Pano Branco". Vestidas de branco e ornamentadas com pulseiras de ouro, cobre, bronze, chumbo, com guias de contas brancas, os umbandistas e as baianas vão prestigiar o orixá da criação.

Deus Oxalá é um professor, mestre e cultuado pela humanidade no mundo real e concreto e no mundo invisível e imaginário.

OXALÁ VENCE O MAL E CONSTRÓI A HUMANIDADE

Para o deus Oxalá vencer o mal e construir a humanidade, era necessário demonstrar força, garra, inteligência, visão de futuro e principalmente paciência. O mal sorrateiro para impedir a criação da humanidade foi algo abominável e sem descrição possível, tamanha a ignomínia. Mas o poderio do mestre maior e soberano dos planetas habitados e inabitados foi insuperável. Os caçadores de recompensa estavam tentando impedir e prorrogar o nascimento do homem, objetivando a formação de seres teleguiados, esquizofrênicos, sem amor e identidades próprias. Nesse momento, surge o pai Oxalá e joga a pomba branca da paz e do amor com tanta segurança e autonomia que os inimigos fogem e se consomem pelo fogo. Os inimigos do bem se suicidam consumidos pela chama. E assim nasce a humanidade.

O NASCIMENTO DO OTIMISMO

O homem vivia cansado e esgotado por guerras, desavenças, conflitos e contradições. O pessimismo vigorava na Terra. Pai Oxalá, percebendo o gravíssimo problema das energias negativas e destrutivas que consumiam a vida dos povos, criou e implantou o otimismo e a alegria, e a vida passou a ter um novo sentido e significado. Nessa missão, ele teve a ajuda e o compromisso do deus Exu, que, por estar atuante e dentro da realidade concreta do ser, lhe deu algumas dicas do que é descontração e camaradagem. Os deuses Oxalá e Exu reconduziram o indivíduo à liberdade, à alegria e, consequentemente, à criatividade. A vida precisava da felicidade, e ela foi criada.

OXALÁ REUNIFICA A VIDA PACÍFICA NA HUMANIDADE

As guerras e contendas eram a tônica na humanidade. Todos pensavam, trabalhavam e agiam em prol das guerras, das escravidões e dos domínios dos espaços vitais. Quando o deus Oxalá pressente que a humanidade está prestes a terminar em um abismo sem fim, solta a sua pomba branca que possui poderes mágicos. O seu cajado vibra e toma vida, como se fosse uma alma que ressurge dos campos dos mortos para humanizar os homens. Qualquer objeto tocado por ele recebe uma alma. Com a sua personalidade equilibrada, segura e tolerante, ele permite que os povos reconheçam a existência dos outros. A partir desse ato de grandeza, toda a humanidade passa a lhe presentear com arroz, milho branco e inhame. E, nas festas de Oxalá, os orixás Ogum, Xangô e Oxóssi vêm lhe entregar presentes e oferendas.

- **Data festiva:** 25 de dezembro
- **Bebidas**: vinho branco, água de coco e água mineral.
- **Cores**: branco leitoso e dourado.
- **Locais de recebimento de oferendas**: praia, lago, represa e cemitério.
- **Sincretismo religioso**: Jesus Cristo e Nosso Senhor do Bonfim.
- **Símbolos**: pomba branca, estrela de cinco pontas e cruz da fé.
- **Saudações**: Epa Babá.
- **Animais preferidos**: elefante e pomba branca.
- **Dias da semana:** domingo e sexta-feira.
- **Números prediletos:** 1, 4 e 5.
- **Plantas preferidas:** alecrim, araçá e colônia.
- **Flores**: lírios da paz e rosa branca.

- **Metais**: alumínio.
- **Pedras**: quartzo transparente.
- **Rituais com oferendas:** uvas brancas ou rosadas, laranja-lima, melão, mamão, fruta-do-conde, fruta-pão e pêssegos.
- **Guias**: branca.

DEUSES COSME E DAMIÃO - ERÊS – (IBEJI)

O orixá Ibeji é o culto às bondades, à união familiar e à proteção de todas as crianças, dos jovens e adolescentes no mundo. É a força das crianças na espiritualidade divina, adulta e na relação com todo o contexto de abrir caminhos e buscar a luz sagrada de Deus (Oxalá).

O fenômeno da proteção oferecida pelas crianças ao mundo adulto é uma das passagens mais nobres da alta espiritualidade no convívio com os seres terrestres.

A união da humanidade tem como sentimento de fraternidade as crianças da umbanda e do candomblé na sua pureza, inocência e bondade. A verdade acima de tudo.

Os erês na umbanda são crianças que trabalham em prol da cura e da diminuição do carma dos seres humanos na Terra através da sua metodologia e do seu instinto mágico e divino. No sincretismo religioso brasileiro, são representados por São Cosme e São Damião.

São Cosme e São Damião foram médicos e missionários escolhidos por Deus para curar animais, crianças, adultos e idosos na Ásia Menor. Eleitos por Jesus Cristo para professar a cura humanitária e desprovida de pagamentos, ambos os irmãos gêmeos modificaram o sentimento e a perspectiva dos romanos e escravos para enfrentarem e enxergarem a vida. De extrema bondade e fazendo um pacto pela vida pacata, simples e santificada pela ajuda e pelo auxílio ao próximo, eles construíram uma história linda de amor e doação de vida ao povo. Apelidados e cognominados como os "anárgiros", por não aceitarem receber um tostão por consulta e cura, foram os mártires da compreensão da dor e da necessidade humana. Ambos foram martirizados e decapitados por ordem do imperador assassino Diocleciano, no Império Romano. Depois, tornaram-se os santos mais carinhosos e delicados de todos. Sensíveis e serenos na hora de enfrentar a morte e a vida. São Doum foi o irmão protetor de ambos em vida e no mundo espiritual. Doum é quem propiciou que os seus irmãos mais velhos não sentissem a dor do cutelo e da espada no instante em que os carrascos deceparam suas cabeças. Lá estava o irmão, já desencarnado, imortalizando em vida esses dois heróis da humanidade.

A brandura e o heroísmo de São Doum não conhecem limites. Ele é o anjo protetor e unificador dos gêmeos. Criado, formado e colocado na vida desses dois santos curadores, tornou-se parte inseparável da história.

Quando se fala em Cosme e Damião na umbanda, natural e normalmente se falará em Doum. Esse trio — Cosme, Damião e Doum — mudou a face do entendimento e da pedagogia mundial. Através da umbanda, as crianças começaram a serem mais valorizadas e respeitadas.

Na umbanda, eles compõem a linha de Yori, com seu brilho e sua autonomia próprios da pureza das crianças. Nas giras dos terreiros de umbanda, os médiuns recebem os espíritos de crianças desencarnadas, na sua maioria ainda em tenra idade, e começam a fazer o trabalho de cura, de aconselhamento e de benzimento.

Esses seres infantis, na idade e aparência, são chamados de "Erês" e praticam um dos mais belos trabalhos de caridade. O objetivo dos erês é a caridade como princípio, fundamento e solução de qualquer contenda ou problema.

O benzimento e os rituais de curas, aconselhamentos, apoios morais e proteções que esses espíritos infantis proporcionam às pessoas são poéticos e mágicos. E são feitos com guaraná, balas de goma, açúcar, bolos e todos os doces de que uma criança adora. E eles compartilham com os consulentes e as plateias dos centros de umbanda. É algo de uma grandiosidade incrível. São a confraternização, a destruição do ego e das vaidades.

A compreensão desse fato é um salto de qualidade no mundo espiritual para todos que participam do ritual e dos trabalhos. O ser humano encontra o seu real sentido de vida, que é amparar, ajudar e auxiliar sem olhar a quem. Como o mestre dos mestres, Jesus Cristo, dizia no Novo Testamento, em Mateus 19:14, "Deixem que as crianças venham a mim e não proíbam que elas façam isso, pois o Reino do Céu é das pessoas que são como essas crianças".

Jesus Cristo está entrelaçado na umbanda e nas religiões africanas com sentido de brasilidade. Não no seu método ritualístico e mágico, mas no seu sentido de irmandade, aceitação e amor. A pluralidade e a expansão do amor e da dignidade fazem com que o mito do Nazareno e de todos os santos da religião católica dialoguem com muita profundidade e sensibilidade com os símbolos e deuses da umbanda.

As festas para as entidades infantis são também chamadas de "ibejadas", tanto na umbanda como no candomblé. No candomblé, os erês são chamados de ibejis. São deuses-meninos com extremo poder e afeto; muito queridos; são os propiciadores de alegria e paz de espírito.

A alegria dos erês contagia a vida e modifica o destino. É uma volta ao passado e à infância de cada um. Os traumas e os pesos da vida são superados com um passe espiritual dos erês.

O passe espiritual dessas entidades vislumbra um novo mundo onde a verdade prevalece sobre a mentira, onde o ser humano amadurece sem perder o seu lado criança e maternal, a cobiça perde de goleada para o pensamento iluminado, a insensatez e a descrença são derrubadas pelos exemplos de respeito e aconselhamento.

As entidades-mirins têm o respeito e a admiração de todos os orixás. São os gêmeos, ibejis no candomblé. Com o seu modo de trabalhar e de fazer evoluir o espírito dos consulentes, os orixás- crianças, com seu jeito, carinho e sua sensibilidade, conseguem dominar qualquer ambiente ou atmosfera espiritual. São símbolos imaculados e os representantes do respeito e da gratidão que as religiões espíritas possuem para com as crianças, mulheres e os idosos.

Ao orixá Ibeji (crianças abençoando os seres humanos) são associados a tudo que se inicia, sejam os nascimentos dos seres humanos, animais e vegetais, as criações de todos os tipos e de todas as formas que influenciaram e modificaram a humanidade para melhor, as nascentes dos rios, o amanhecer com a força e a energia de Deus e, principalmente, o resplandecer dos talentos vocacionais dos humanos.

Chico Xavier, o maior médium da história e que psicografou mais de 475 livros, diz "Desencarnar para quê? Para entrar outra vez na fila, pleiteando um novo corpo no mundo?! É muito difícil ser criança: o período infantil é uma espécie de doença para o espírito... Até que o espírito se reencontre consigo mesmo, já se passaram dezoito, vinte anos... A criança está à mercê das circunstâncias. Vamos aproveitar ao máximo. Eu tomo muitos medicamentos, não porque tenha medo de desencarnar... Se já estamos aqui, vamos permanecer aqui pelo tempo que nos seja possível, uai!"

Essa mensagem de Chico Xavier é muito importante. Devemos cuidar, proteger e valorizar as crianças, pois elas estão em uma posição fragilizada e são indefesas. As crianças são os seres mais abençoados e protegidos por Jesus Cristo. Nas religiões afro-brasileiras, os orixás dependem da proteção e dos fluidos positivos das crianças (erês).

O mundo dos orixás é de uma organização hierárquica construída pelo sentido do merecimento e mérito, facilitando a vitória nos confrontos, embates e prélios terrestres e espirituais. Os orixás possuem a sensibilidade mais elevada das histórias milenares dos mitos, santos e deuses humanos. Eles não adiam a prática do amor e da solidariedade, princípios absolutos de qualquer religião que se preze na terra.

Os orixás-crianças são símbolos que trazem sorte e encaminhamento digno e seguro para o futuro humano. A alegria e a leveza das casas e dos terreiros vêm da linha dos erês.

Os orixás ibejis coordenam forças poderosas e legiões de almas. Espíritos e anjos que trabalham sob o comando alegre e delicado dos erês. São tão talentosos na arte de fazer a evolução humana, preparando o homem para o convívio sensato, que conseguem mudar destinos e enganar a própria morte. A sua força poderosa ludibria a própria morte na linguagem popular do homem.

Qual o significado desse conteúdo contextual? Observar e examinar com inteligência como se processa um raciocínio que atrai os problemas e os sofrimentos que afligem e destroem o homem. Nesse contexto, o problema que levou o homem a óbito é detectado e afastado do seu caminho.

Os erês são os principais sensores e radares da umbanda e do candomblé, principalmente por sua pureza, bondade e inocência. A ideia da morte se fragmenta e se dilui a partir do momento em que o ser humano toma a consciência dos seus ancestrais e de sua mentalidade divina.

A busca e a necessidade do homem de estar conectado pelas forças divinas fazem com que a função dos erês seja a mais exponencial e soberba possível. Os ibejis seguram a espécie humana dentro do aprofundamento e da transparência de pensamentos e posturas que permitem que o indivíduo atinja mais rapidamente, na Terra, essa ideia de senso absoluto e moralidade ajustada às grandes almas.

Com os erês, a morte é desvinculada do seu destino fatídico. O conceito de morte é ultrapassado e superado pela proposta de um novo e sagrado imaginário.

A morte é desmistificada e enfrentada com coragem e segurança, acreditando no poder da vida eterna. Nesse momento, as religiões cristãs, kardecistas, xaviercistas e umbandistas se unem em um brado de amor e aceitação.

A unificação das religiões com aceitação completa dos discípulos e praticantes é obra dos erês. Eles estão na prática da transformação moral e do auxílio da reencarnação há 100 mil anos.

A disciplina do tempo é formada, aprendida e regulada na tradição da religião afro-brasileira em função do sentimento e dos destinos dos erês. A proteção aos recém-nascidos tem nos orixás- crianças o cuidado e o amor.

A postura abrangente e humanista dos ibejis idealizou um novo mundo de respeito, solidariedade e sabedoria.

Esses abençoados seres extraterrestres, que habitavam o planeta Terra e inúmeros outros planos de maior evolução, formaram toda a grandeza moral existente no mundo em que vivemos.

A morte perde o seu sentido danoso e punitivo para adentrar no campo do mistério e das divindades. Campo este que detém o sentimento prioritário do autoconhecimento. Os erês possuem uma consistente personalidade e são inseridos na realidade que eles mesmos criaram e recriaram.

Os erês são os gêmeos e filhos dos deuses Xangô e Yansã, que geraram dois orixás sagrados e comandantes do aconselhamento e da cura. Toda a riqueza moral e virtuosa de Xangô e Yansã foi repassada para os dois meninos de ouro da umbanda e do candomblé.

Ser filho de rei e rainha exige responsabilidade e amor à missão e ao dever. O comprometimento dos orixás-meninos é extremamente firme e seguro no trabalho com os humanos.

Essa postura de responsabilidade, mesclada com as brincadeiras de criança, cria uma nova forma de psicologia e reeduca o ser humano na busca pela ativação da cultura divina.

A cultura, o sentido e a linguagem divina colocam o ser humano dentro de campo de lucidez e de conhecimento simplesmente inacreditáveis.

A vida passa a ter uma outra atmosfera em função dos conselhos e da postura afável e misericordiosa dos erês. Eles produzem um novo tipo de contentamento e de felicidade apropriados para a infância e moldados de acordo com o amadurecimento do adulto e dos fatos que vão se transformando com o tempo, tanto no conceito divino como humano.

São esses seres infantis na idade terrena e no desencarne que fazem a união entre os "Guardiões do Universo". As divergências entre os planos astrais nas construções de imantações e nos planos dimensionais evolutivos têm como apaziguadores e pacificadores os erês, sob o comando de São Cosme e São Damião.

Nas disputas normais e naturais entre os orixás e as suas legiões, são os orixás-meninos que promovem a conversa e a calma, porque são as crianças, os idosos e as mulheres os maiores símbolos de união e paz no mundo divino dos orixás.

A relação humanitária e santificada dos erês com o panteão de deuses e a sociedade brasileira é algo de extrema bondade e conhecimento espiritual. São seres divinos e devotados a Deus. Essa é a religião mais sagrada e democrática, pois permite que as crianças, os idosos e as mulheres tenham voz e respeitabilidade absoluta.

O DIÁLOGO MAIS CARINHOSO E DOCE

Os erês (ibejis) têm no diálogo, na doçura e no carinho as suas grandes armas na tentativa de salvar as almas e melhorar a humanidade. Os erês são crianças de recém-nascidos a pré-adolescentes. A sua linguagem cativa as pessoas e as faz mais seguras e tranquilas no enfrentamento da vida. Os próprios erês ensinaram como se olha e se compreende uma pessoa no momento de fazer uma consulta espiritual. São os professores dos deuses-orixás. Extremamente respeitados e protegidos, eles são estandartes sagrados das religiões afro-brasileiras. Quando um erê incorpora, a paz e a calma tomam conta do terreiro.

OS CUIDADORES DA SAÚDE

Uma das funções mais admiradas e cultuadas dos erês é a cura de doenças e problemas físicos. Eles possuem poderes curativos fantásticos. Com as suas chupetas, o mel e os brinquedos, eles produzem inúmeras curas. Durante séculos, curavam os feridos de guerra, realizando os mais profundos e incríveis milagres. Os brinquedos trazem a alegria e a recuperação das energias perdidas e desgastadas pelo tempo e pela situação. Na familiaridade que as crianças têm no brincar estão todas as soluções para que a humanidade encontre o seu equilíbrio.

OXALÁ FOI O SEU PADRINHO DIVINO

Os erês tiveram no deus Oxalá o seu padrinho e propagandista. Através dele, os orixás receberam de braços abertos o deus Ibeji. Oxalá fez com que os feitos benéficos, evolutivos e caridosos dos ibejis chegassem aos orixás e modificassem o plano traçado por eles de melhorar e salvar os homens do inferno, resgatando vidas e sonhos. O primeiro deus a recebê-los como entidades divinas foi Oxalá. Chancelado por Oxalá, eles estavam prontos e preparados para recuperar os destroços físicos e morais dos humanos. E os brinquedos das crianças passaram a ser e a representar a forma mais humana e sensível da relação entre os seres na Terra. Tudo sob o olhar, a sapiência e a paciência do pai Oxalá.

- **Data festiva**: 27 de setembro
- **Bebidas**: refrigerantes, de preferência guaraná; água com açúcar; e groselha.
- **Cores**: rosa, verde e azul.
- **Locais de recebimento de oferendas**: jardins, praças com flores e matas bem cuidadas.
- **Sincretismo religioso**: São Cosme e São Damião.

- **Símbolos**: dois bonecos gêmeos.
- **Saudações**: Bejiróó! Oni Beijada!
- **Animais preferidos**: coelho.
- **Dia da semana**: domingo e segunda-feira.
- **Números**: 2, 4 e 8.
- **Plantas preferidas:** rosa cor-de-rosa, alecrim, jasmim, folhas de algodão, manjericão, sálvia, alfazema e anis-estrelado.
- **Flores**: rosa branca.
- **Doces**: doce de leite, balas, pipoca doce, pirulitos, maria-mole, bolos e suspiros.
- **Brinquedos**: bonecas e bonecos, carrinhos, barcos, chupetas, cavalinhos de madeira etc.
- **Pedras**: fluorita.
- **Oferendas**: quiabos, pipoca, cocada, acarajé, banana-da-terra frita, paçoca, feijão-fradinho, galinha cozida, maçã do amor, bala de coco e farofa de dendê.
- **Guias**: azul-celeste.

DEUS OXUMARÉ

O deus da criação e o símbolo de renovação e multiplicação na Terra. Um guardião do progresso civilizatório e da carga emocional do universo.

Oxumaré é a própria força da criação do planeta Terra. Das profundezas dos mares para as galáxias estelares e vice-versa, este mítico arauto dos tempos modernos construiu a espécie humana ao lado de sua mãe Nanã e produziu as virtudes da calma e da paciência na concretização de um objetivo predeterminado por Zambi.

É o protetor das águas e do sol; o orixá que transporta a água do céu e das galáxias para a vida na Terra. O pai da água em abundância e opulência. Ele permite que a água chegue até os brasileiros e a todos os seres humanos no planeta. O famoso codificador, alquimista e mágico das águas.

Com o seu sentimento calmo, equilibrado e tranquilo, Oxumaré possui uma percepção sensorial e mediúnica fora do normal. Produtor das chuvas e das garoas muito comuns na cidade de São Paulo. Controlador da chuva e dos sentimentos emotivos dos cidadãos. Na chuva, ele conhece como pensa, age e reflete os bilhões de seres que habitam a Terra ou vagam pelo mundo espiritual.

A chuva é a sua marca e o seu instrumento de comunicação e de reconhecimento. O clima e a sua natureza são sustentados e formam uma identidade com este orixá incrível.

Ele reconhece e domina todos os segredos da Terra e das águas profundas do mar. Criador, propagador e fornecedor de conhecimentos sobre as ciências que permeiam essas realidades.

Quando algum povoado, alguma cidade ou nação possui escassez de água, Oxumaré fornece os meios e as condições propícias para o abastecimento. A chuva é um fenômeno natural. A água aquecida pelo sol evapora e se mistura com o ar formando as nuvens, que os indígenas tanto projetam totens e a vida após a morte. Os indígenas brasileiros fazem rituais e chamamentos na sua relação com a chuva. Todo esse processo foi criado por este orixá que tem vida ativa debaixo das águas e ao lado do sol. Improvisador inteligentíssimo e baluarte das profecias dos mitos sobre chuva, ar, mato e terra.

O grande orixá sabia e antevia todos os problemas e as necessidades dos povos na questão da falta de água. Multiplicava a água e fazia com que a chuva durasse o tempo que fosse necessário para que as plantações crescessem e os seres pudessem fazer os armazenamentos. A água é que fez com que os povos fundassem lugarejos, vilas, cidades e países. A água criou os territórios e a ideia de liberdade, proteção, cultura e conservadorismo. O patriotismo floresce primeiro com as cidades que são fundadas perto dos rios e mares.

Este é o orixá que protege todos os imigrantes, prisioneiros de guerra e esquecidos pela grande mídia. É o orixá que mais compreende a função da devoção e doação na relação humana.

O Brasil, com os seus rios, mares e suas cascatas é o seu paradeiro, celeiro e lar sagrado. Oxumaré sonhou com o Brasil e acordou neste paraíso tropical. A nação brasileira foi idealizada por este orixá múltiplo, flexível e diversificado.

Ele é o deus absoluto da chuva e do arco-íris. A beleza do arco-íris com suas curvas, cores e seu surrealismo é obra deste orixá que nos entrega a água, a vida e os sonhos.

A beleza do arco-íris tem toda uma profecia e uma retórica embutida na sua ideologia. Essa beleza é a promotora de todas as outras belezas da imaginação e da expressão humana em qualquer esfera ou movimento artístico na história. A ideia, a importância e valor dados às cores são obras deste guia, santo e mito.

O ser humano passou a dar poder e entender o mistério de cada cor na vida humana a partir deste herói. As cores passaram a representar tudo o que envolve o ser e o seu destino. A natureza dos sentidos começa na energia das cores e suas marcas, seus fluidos e os bons presságios.

Este orixá deu o peso, a consistência e a referência das cores na vida do ser humano desde os primórdios da humanidade. O mundo começou a classificar e conceituar as cores em função da sua capacidade de ilustrar a vida do indivíduo na sociedade. Primeiro nas sociedades tribais até chegar aos nossos dias.

Os heróis, os mitos e os ideais de pátria e liberdade passaram a fazer sentido. Tudo se renovava dentro dos aspectos da luz e das cores.

As ilusões óticas do arco-íris e as suas forças dinâmicas que compõem os destinos sagrados e profanos dos homens fazem parte dos caminhos transmitidos e coordenados pelos deuses dentro de um processo cármico. Oxumaré é um dos orixás que processa este carma para evoluir a espécie humana.

Oxumaré simboliza e possui como totem uma cobra coral atada em seu corpo, símbolo do movimento perpétuo e giratório da Terra. A rotação da Terra e os seus movimentos são processados e eclipsados dentro da sua energia onipotente. Ele seria o motor e a bateria do mundo; e, caso parasse, o mundo conhecido acabaria. O arco-íris é o travamento e a sua força de ludibriar a chuva e descortinar um novo rumo de beleza e satisfação para a humanidade. Os seus segredos são apenas confidenciados pelo deus Oxalá, que também o auxilia na continuidade desses processos abençoados pelo mundo.

A sua saudação, quando desce à Terra para ensinar, amparar e auxiliar os seus filhos é "Arô Boboi!". Saudado como representante de uma linhagem de deuses que propaga o sentimento de identificação com a nação, o povo, semblante, a simbiose e os signos. Uma relação de compreensão dos polos que se contrapõem, mas que dialogam para evitar tragédias inomináveis referentes aos comportamentos humanos. Oxumaré é um educador.

A sua pedagogia tem por base um sentimento analítico de igual e desigual, que, na realidade vibratória do planeta, significa a mesma coisa. Os opostos estão coligados dentro de sua própria condição evolutiva. Os diametralmente opostos se encontram no fim da estrada da reflexão e passam para uma nova conjuntura cibernética, molecular e dentro de uma estratosfera única. Os idênticos mais conflitantes e com absoluta oposição dançarão dentro do mesmo atabaque e dentro dos mesmos cânticos espíritas.

A vida passa a ser entendida em função dos opostos e da sua própria comunhão nos instantes de compreensão e sentido científico. O esoterismo rege a realidade das naturezas dos opostos que se fundamentam no próprio universo.

O mundo e os planetas passam a ter somente sentido nos paradoxos e nas divergências, pois os dois polos antagônicos são a mesma face, o mesmo coração e a mesma dor.

Os opostos criam possibilidades de competições sadias e forjadas pela necessidade de vitória e de marcar o tempo e a história.

As posturas de uma nova realidade entram em choque com as tradições já consagradas e as certezas de que a sociedade tende naturalmente a evoluir e se adaptar aos novos sonhos e às novas perspectivas.

A proximidade desses opostos, com as suas realidades embaralhadas dentro da conjuntura do carma, da causa e do efeito, perfaz toda a trilha da espécie humana na sua cruzada contra o obscurantismo. O calor e o frio, a beleza e o feio, o alto e o baixo, a chuva e o sol, o sagrado e o profano fazem parte da mesma radiografia divina dentro de uma olimpo politeísta. São graus de desigualdade e diferença, mas respondem pela mesma natureza.

O contexto inserido desses opostos nos ajuda a entender a natureza de extrema proximidade entre eles e a resposta embutida para o nosso aprendizado. Quando se permite o entendimento dos opostos, naturalmente a condição espiritual e a moral sobem de dimensão.

O tempo está a serviço desta nova ética de sabedoria relacionada à essência da duplicidade. Oxumaré é o senhor da vida em transformação. Ele é professor da inteligência.

Quando existe um dilema a ser resolvido por duas pessoas extremistas, é o deus Oxumaré que vai interceder e encontrar o equilíbrio, a sensatez e o diálogo entre ambas as partes. Sempre com aquela exatidão de mestre e a malícia de um sábio.

As mutações advindas da alma, do sentimento e do emocional perfazem uma estrada que altera o comportamento humano de uma coisa nefasta e torpe para algo puro, belo e educativo. O ódio é substituído pelo amor.

A tolerância com relação à toda a movimentação do homem na Terra e no espaço tem como bases a habilidade e a capacidade de aglutinar em torno das ideias e do sentimento, movidos pela energia rítmica deste orixá.

A cobra de metal é a razão da semiologia e do mito lendário da sua confluência emotiva e cognitiva na órbita sideral. As reações da conjuntura cósmica são as mais abrangentes e dominantes, pois este orixá tem na sua insígnia o equilíbrio como atestado de honra e liberdade.

Nas águas, seu espírito de líder, construtor e apaziguador mais se adapta e se conecta com o seu tempo; mas transita e transcende pelos espaços com desenvoltura. Esse orixá percorre a mentalidade dos seres em frações de segundos, percebendo seus desejos, suas vontades e seus traumas.

O seu ritmo de domínio mental e de libertar o homem das massas forma um novo ciclo de sentimentos otimistas, preparando-o para a preservação da identidade e da marca individual. Este orixá arrebenta com as grades do aprisionamento mental e espiritual, abrindo o campo das percepções das causas, dos efeitos e das consequências dos próprios atos praticados.

Orixá banhado e batizado com a energia de todos os outros orixás. Na sua realeza adolescente está o amadurecimento de um poderoso e invencível deus. Essa mescla de características forma todo o imaginário popular sobre sua simbologia. Na sua mística estão a opinião popular e a verdade de Oxalá e Xangô.

Ao lado de Xangô, com sua sabedoria e justiça, auxilia na aplicação das leis. Procura sempre a brandura e a compreensão do ser punitivo e da pena. O conceito de justiça passa pela sua sapiência e pelo método de vislumbrar qual o caminho da alma julgada.

A sua missão é múltipla nas características da emotividade tanto na relação com os deuses-orixás como com os humanos encarnados ou no espaço sideral. As outras dimensões se conectam com ele, que emana uma flexibilidade interpretativa simplesmente fantástica.

Oxumaré está no planeta Terra para criar e demonstrar uma forma sensível de compreensão psíquica e espiritual nos humanos. Sua relação com as dores e os fantasmas na Terra é de um equilíbrio simplesmente fantástico.

É dele um novo ciclo de vida e sentido. Oxumaré é o orixá que unirá os povos em prol da umbanda, da decência e da coerência. Ele é o orixá que encontrará o caminho para unir os radicais. As pontas dos extremos passam a encontrar uma afinidade e, com o tempo, uma relação de irmandade.

O símbolo dessa realidade inovadora, para um mundo cada vez mais duro, retrógrado e pessimista, é a postura livre, soberana, caridosa e patriótica deste orixá, que carrega o estandarte das dualidades e da simplicidade de saber escutar e programar a vida dos espíritos ainda presos pela matéria.

O deus Oxumaré, com a poderosa Oxum, trabalha a elevação e a divinização dos seres humanos, que, por fatores de merecimento, sobem e crescem na vida em sociedade, produzindo ações e obras que evoluam a cultura e a caridade em todos os sentidos e as possibilidades.

Orunmilá é o dono dos destinos e o profeta de um novo tempo. É o senhor dos acontecimentos e dos caminhos abertos que o ser humano tanto sonha ou almeja. É o senhor das realizações e das concretizações do desejo.

O Ifá — instrumento mágico e paranormal de adivinhação com os búzios — é o protetor e o projetista dos destinos do homem. Orunmilá trabalha na natureza da expectativa e no poder humano de acreditar e perseverar. É o orixá da resistência e que dá sentido à própria vida.

O deus Orunmilá prevê o futuro e escuta o chamamento de Oxalá para descortinar o horizonte dos seres humanos na Terra.

A união entre os deuses Oxalá e Orunmilá refaz as forças de Oxumaré, que possui uma relação de proximidade fraternal com essas entidades. A fortaleza de Oxumaré se encontra registrada no espaço cósmico, mas, também, nessa integração com esses outros orixás.

O arco-íris simboliza a beleza da natureza, a transformação da vida e a harmonia da felicidade. A imagem do arco-íris é santificada e nos faz entender a natureza das coisas, dos seres e dos sentimentos humanos. O arco-íris carrega a felicidade e o otimismo. A beleza na sua perfeição mais natural e convincente. O tempo do arco-íris é o sonho milenar da passagem do homem pela Terra. O arco-íris representa a mais completa paz de espírito e realização dos objetivos de vida em todos os âmbitos.

Oxumaré construiu a sua moradia dentro do próprio arco-íris e concedeu, do seu trono, a alegria e o reconhecimento aos seus filhos. Na sua casa, os orixás sempre aparecem para realizar as suas mandingas e magias, criando nos seres humanos um olhar sensível e delicado para a diversidade religiosa, que é um dos principais pilares morais do culto e da razão da existência da própria umbanda e do candomblé.

Seus principais e sagrados símbolos que humanizam o universo são a cobra de aço, ferro ou bronze; o turbante com as cores amarela, branca, verde e azul (cores que representam o Brasil); o alfange; e o tacará (fruta do Nordeste do Brasil). No momento da descida do orixá à Terra, em completo transe mediúnico, nas suas mãos, agita-se e se balança uma serpente de ferro ou uma vassoura de fibra de palmeira, chamada de "ebiri". Seus filhos usam um colar de búzios (brajá) ornamentado como se fosse uma pele de cobra.

Esse orixá dança com um talento e uma habilidade incrível. Um ser abençoado e com uma comunicabilidade pela forma de dançar e se expressar simplesmente fantástica. Um verdadeiro mestre-sala, que dança apontando para o equilíbrio necessário entre o céu e a terra. É um deus-orixá que premia e recompensa os seres honestos e justos com o prazer e a alegria da vida.

OXUMARÉ CURA O DALTONISMO DO MUNDO

O planeta Terra era daltônico. Essa fissura na sociedade causava estranhamentos, conflitos e seríssimos problemas na sociedade. A humanidade e o daltonismo eram uma constatação real e trágica. Oxumaré, o deus das luzes, cores e do arco-íris, mudou e alterou esse fato tenebroso, dotando o ser humano de distinção, classificação e categorização das cores. As cores tinham nome. A revolução das luzes estava concluída. O ser humano que estava um autômato passou a entender e compreender o poder das cores em sua vida. O planeta Terra estava salvo, e o orixá subiu ao patamar dos deuses.

A COBRA CORAL SE TRANSFORMA EM QUALQUER INSTRUMENTO DE GUERRA E PAZ

A cobra coral é o principal símbolo do deus Oxumaré. Ela representa o equilíbrio, a calma e principalmente a transformação. Mas a cobra coral é o principal instrumento ou de carinho e respeitabilidade ou de guerra e combate. Oxumaré, com a sua cobra amestrada, tinha poderes para fazê-la ser uma espada de aço ou uma flor-de-lis; adaptativo e transparente com as inúmeras formas de corresponder ou rebater a energia alheia, seja a energia positiva ou a negativa.

OXUMARÉ UNE OS ORIXÁS

Os deuses-orixás começaram a disputar ferrenhamente quem se dedicava mais ao auxílio, apoio e à ajuda aos seres humanos. Cada qual, com os seus poderes e sua formosura, antecipava-se na missão sagrada. A rivalidade começava a acirrar os ânimos; e a primazia e o pioneirismo na construção da sensibilidade moral dos humanos estavam sempre em jogo. Nesse momento, surge a figura esbelta, leve e lúdica de Oxumaré, que, através do seu diálogo direto, eclético e convincente, consegue heroicamente unir os orixás. Assim, a paz e o respeito absoluto foram readquiridos; as brigas e disputas cessaram; e Oxumaré foi recompensado por Oxalá, que o tornou o deus do equilíbrio. Assim, o destino de cada orixá foi cumprido.

- **Data festiva**: 24 de agosto
- **Bebidas**: champanhe rosé, água de cachoeira e sucos de frutas com melão e maracujá.
- **Cores**: amarela, verde e as cores do arco-íris.
- **Locais de recebimento de oferendas:** cachoeiras e rios com forte correnteza.
- **Sincretismo religioso**: São Bartolomeu.
- **Símbolos**: serpente, círculo geográfico, arco-íris e ebiri.
- **Saudações**: A Run Boboi!!!
- **Animais preferidos**: cavalo e cobra.
- **Dias da semana:** sábado.
- **Números prediletos**: 5, 7 e 13.

- **Plantas preferidas:** espinheira-santa, bálsamo, graviola, artemísia, folha de maracujá, folha de palmeira, folha de laranjeira, folhas de louro, língua-de-vaca e cavalinha.
- **Flores**: girassol.
- **Metais**: níquel velho.
- **Minérios**: latão.
- **Pedras**: diamantes.
- **Oferendas**: feijão-fradinho, camarões cozidos, dendê, milho, cebola, batata-doce e pimenta da Costa.
- **Guias**: verde e dourada.

DEUSA YANSÃ

A poderosa e invencível deusa que possui a força, a alma e o coração de uma guerreira. Yansã é extremamente bela, independente e soberana.

Uma estonteante guerreira que destila determinação e vontade de vencer em todos os momentos de sua caminhada como entidade e rainha.

Ela é a simbologia e a representatividade da guerreira altiva e que não se curva. Uma entidade com inúmeras particularidades e peculiaridades dentro do panteão afro-brasileiro.

A sua força incalculável provém da sua sabedoria única e indecifrável. O tempo trabalha em função desta rainha do mundo. O planeta Terra cabe no seu coração. É ela quem rege a Terra com as suas querelas, realidades explícitas, os seus fluxos e influxos astrais. O tempo trabalha dentro do seu ritmo e de sua personalidade. Na sua personalidade está o compasso das realizações do ser humano na Terra. Tudo gira em torno dela.

A sua força rebelde é que equilibrou o planeta Terra e proporcionou às mulheres uma posição social e econômica de maior destaque, principalmente nos países ocidentais. Impulsionadora de um novo sonho, percorreu um caminho tortuoso até chegar ao domínio do planeta.

A realidade embasada na necessária força, justiça e sabedoria é desenhada por esse orixá extremamente familiar e caridosa ao povo brasileiro.

O seu poder gigantesco e a sua autoridade fundamental para organizar a sociedade e a hierarquia fomentaram a vida próspera e honrada na Terra. O seu altar possui a energia de uma deusa que se transforma diariamente em oito bilhões de seres humanos para levá-los ao caminho da salvação.

No templo sagrado deste orixá, que se adapta tanto ao luxo como à pobreza, o seu desejo e a sua vontade impulsionaram as mulheres a lutarem pelo poder sem esquecer a sua pureza e o seu lado mãe e avó.

Yansã entende os sentimentos masculinos e femininos com a sua determinação de aprender e adentrar o campo da filosofia. A partir dessa postura, o ser humano passou a enxergar a mulher a partir de outro prisma e ângulo.

O poder que emana das suas opiniões e mentalidades foi assimilado pela humanidade. Ela não tem fraquezas, sente o semblante e a temperatura da alma dos povos e se posiciona para evoluir o indivíduo.

É a avatar e a intercessora de Deus (Oxalá) no coração dos povos. Um símbolo sagrado das nações. A força da fecundidade, do nascimento e do destino dos seres na Terra.

Oxalá a definiu como a deusa do poder atemporal e temporal. Determinante nas transformações e mutações do clima, dos ventos e dos furacões. Ela que possui o poder e a natureza das revoluções climáticas, baseados no carma, no sentimento humano e na sua objetivação na Terra.

É a deusa do panteão afro-brasileiro que comanda e domina as tempestades, os raios, as chuvas torrenciais e os ventos violentos que decifram os segredos do mundo. Ela é dona dos rios Amazonas, São Francisco e Niger.

Um orixá que transborda poder místico e força comovedora. É a protetora das mulheres lindas, belas e jovens. Yansã cuida da virgindade de todas as mulheres do planeta. A valorização da virgindade e da sexualidade feminina começou com ela.

A mulher passou a ter a sua importância elevada com o sentimento e o poder que Yansã lhes proporcionava. As mulheres souberam lapidar a sua personalidade sob sua inspiração.

A mulher passou a sentir orgulho, satisfação e comprometimento com a vida familiar e passou a dotar a sensibilidade feminina de sentido hierárquico, altivez e determinação. Na umbanda e no candomblé, a mulher tem poder de decisão e de comando. A deusa Yansã ensinou à psique feminina o seu poder de ajudar, apoiar, exaltar e insuflar ânimo e força ao homem escolhido. Ela comanda o lar e a vida da família com equilíbrio, respeitando a forma de pensar, ser e sonhar de todos os entes familiares. Entidade cerebral que utiliza o raciocínio e a emoção como forma de agregar e aglutinar. A independência da mulher nasceu com essa deusa.

Yansã é a palavra pronta, a resposta direta sem subterfúgios, o conhecimento absoluto que não aceita nenhum tipo de menosprezo à ideia maior de Oxalá (Deus). Ela é temperamental e não aceita nenhuma doutrinação do "politicamente correto", onde sua linguagem e seu raciocínio são domesticados. É a sua ética de bondade e respeito que é ensinada ao mundo e não a dos outros.

É a protetora das crianças (ibejis) ao lado de Nanã, que é a simbologia arquetípica do seu espelho no tempo e espaço, na proporcionalidade gradual do poder inevitável do cosmos.

Os erês trabalham sob a guarda e o comando de Yansã, que os dota de forças mediúnicas, curativas e energéticas. Os erês são auxiliares dos orixás, mas também têm o poder de se transformarem em deuses e orixás, dependendo do grau de evolução, merecimento e empenho de cada entidade.

É uma deusa que modelou a honra e a capacidade de autovalorização da mulher. Dotou a mulher de incríveis qualidades de poder e sabedoria. No Brasil, simboliza Maria Quitéria, a mulher que combateu e lutou no campo de batalha em prol da libertação da pátria nacional. Uma mulher de valentia inominável. Foi militar e guerreou no campo de batalha. Vestiu-se com roupas de homem para enfrentar e combater o domínio e a crueldade de Portugal para manter o Brasil como colônia. Lutou na Guerra da Independência. Está na história sagrada e inolvidável das verdadeiras heroínas da pátria verde e amarela. É patrona do Exército Brasileiro. É esse tipo de coragem que transparece e explode no coração e na alma das filhas de Yansã. Outra representante do poder e da dignidade feminina é Dandara, esposa de Zumbi dos Palmares. Uma verdadeira guerreira de fibra que lutou com ânimo e altivez contra a escravidão e a opressão executadas contra os povos oriundos da África, no período do Brasil colônia. Também lutou nos campos de batalha ao lado dos homens, utilizando a sua habilidade na prática da capoeira e do arco e flecha, na proteção ao Quilombo dos Palmares, cidade construída na Serra da Barriga, em Alagoas.

Na rotina e no dia a dia das mulheres brasileiras, a presença deste orixá é tão nítida e patente que se nota com muita facilidade a sua ação energética e magnética. A "memória da espécie" está na alma de seus bilhões de filhas espalhados pelo planeta Terra.

Yansã é a esposa de Xangô, em uma simbiose de vida, amor, paixão e destino traçado por Oxalá e pelas forças do espaço sideral. O cosmos e sua energia advinda do solstício formaram e ataram esse soberano e invencível casal para todas as eternidades e dimensões. Todos os planetas detêm a amor incontrolável desses dois orixás-reis. Do seu amor nasceram os erês São Cosme e São Damião.

A proteção de Yansã para todos os seus filhos é tão abrangente que permite que cada qual tenha segurança, calma e sabedoria para viver, sonhar e triunfar. Ela afasta os inimigos do caminho e abre o poder imaginativo para o homem vibrar e entender o que significa a vitória. Dando a devida importância ao conjunto de ações e reações que o destino oferece. A vida na Terra tem a absoluta e total interferência dela nas mínimas ou nas máximas coisas.

Ela é a deusa que organiza, coordena e interfere no destino dos "Eguns". Os eguns são seres espirituais que ainda não aceitaram e não compreenderam a morte física e biológica. São espíritos que vagam e que se utilizam de outros corpos para viverem, dando prosseguimento à ilusão de que ainda pertencerem a este mundo. Vivem procurando fazer o bem, mas estão dentro de um estado de letargia e descompassados com as leis divinas que acabam prejudicando a evolução humana. Nesse momento, surge Yansã, que recompõe seus sentidos, lapida os seus pensamentos e as suas necessidades de conhecimento. Ela age diretamente no perispírito dos eguns, purificando-os. A purificação dos perispíritos é processada por Yansã, que consegue esclarecer a situação real do poder implacável do tempo, interagir com o seu passado e principalmente introduzi-los na "lei moral de Zambi". Nesse trabalho, ela conta com o auxílio médico de Omulu e com a força energética de Ogum.

Essa atitude de auxiliar, educar e salvar os eguns de ilusões terríveis sobre a vida na Terra e a sua função no espaço e em outras dimensões a fez ser considerada a mãe-rainha dos eguns. A deusa-orixá que conseguiu domar a resistência e a fúria dos eguns. Nos terreiros de candomblé, tem um ponto cantado para Yansã que faz referência direta aos eguns:

Ojé midô, kê Oiá ô

Ojê midô, kê Oiá ô

Okutá urenerê

Ojé midô, kê Oiá

Os eguns não conseguiram passar pela montanha

Os raios de Yansã lhe davam medo

O trovão de Yansã os dominava

O poder desta orixá-deusa não conhece limites, pois ela é a detentora dos controles de todos os limites da razão e emoção. O sentimento de equilíbrio na vida do ser humano começa com a sua perseverança em ajudar, prosperar e evoluir.

A aura de Yansã representa a sua coroa sagrada e dourada. Ela é rainha de todas as galáxias, com a sua aura que engloba todas as energias da Terra e que consagra a umbanda e o candomblé nos mundos supradimensionais.

A conquista da liberdade religiosa é uma das suas principais lutas e seus sonhos concretizados, principalmente nos países nos quais a democracia prevalece e se espalha.

Zambi, na umbanda, e Oxalá, no Candomblé, representam o Deus maior. Yansã é a rainha do planeta. É a maior profetiza da linhagem sagrada dos deuses que habitam as galáxias. Formadora de novas ideias de solidariedade e amor e de luta e compreensão. Ela é o farol do mundo, que, através da sua fortaleza moral, faz a humanidade entender o que é justiça.

A sua força energética é que impulsiona o ser humano a viver com alegria, equilíbrio e prazer. O sonho de uma vida esbelta e gratificante é produto dela.

O orixá divino e grandioso Iroko é o protetor e guardião das ancestralidades dos orixás. Ele é o cuidador e o bibliotecário dos segredos dos antepassados, das magias e dos mistérios do mundo encantado. Filho de Nanã Buruquê, Iroko é o mestre dos cultos e professor de história.

Iroko foi encarregado dessa missão importantíssima para o equilíbrio do planeta com o apoio da deusa Yansã, sua madrinha de batismo. Ela foi a primeira a perceber que ele tinha poderes divinos e adivinhatórios.

Este orixá sagrado tem na calma e na sabedoria um novo fundamento para a vida. Através da calma e da preservação da história dos orixás e de suas magias e seus mistérios, ele conseguiu unir os poderes místicos e a alta cultura racionalista, sem perder o enigma como símbolo de união.

Iroko é o professor da contemplação da vida como instrumento de alegria e de preservação da arte e da fé. Um símbolo e um arauto tão grandes, amado e poderoso quanto qualquer outro orixá. O seu aprendizado ocorreu com a sua mãe Nanã, durante séculos de trabalho árduo e feito com a alma e a satisfação de um filho que sabe e tem consciência de sua missão.

O nome Yansã significa a mãe do céu rosado; a mãe do anoitecer ou entardecer; a mãe das transformações.

Seus filhos carregam um destino de muita criatividade, inteligência e força para lutar. A resistência na busca por objetivos importantes para o futuro da humanidade é típica das virtudes dos seus filhos. Nos sonhos, a imagem de Yansã com as suas representações está sempre presente. A mãe auxiliando o filho através dos seus sonhos e apontando o caminho da verdade e das realizações. A mãe protegendo os seus filhos dos perigos da vida.

Ela realiza o destino almejado por seus filhos na Terra. Protetora, auxiliador e voltada para a consumação grandiosa da vitória dos merecedores.

É a orixá que faz com que se escute a voz da sua própria alma no seu mais alto sentido de amor e pureza. O ser humano consegue escutar os pedidos da alma e aprender todo o conhecimento holístico e divino. A guerreira que não teme a morte e entende o significado das funções da vida.

As consciências humanas; as supraconsciências, transconsciências e as protoconsciências são produtos da sua relação com o mundo mágico, mítico e sagrado, interligando todas as realidades perceptíveis e imperceptíveis ao poder atemporal e temporal do ser.

Ela criou e formou novos planetas em outras dimensões para a morada dos desencarnados. Nesses planetas, o aprimoramento e a aceitação desta nova vida, com suas regras e doutrinas advindas de um profundo sentimento de liberdade, conhecimento e entendimento do que significa a alma imortal e os deuses imortais, resultaram em um povoamento de seres mais evoluídos e transparentes na sua conduta moral.

Yansã recompôs a movimentação das galáxias para favorecer o ser humano no planeta Terra a receber a energia vital e pura, impulsionando o progresso da espécie.

Na desordem, nos abismos e traumas humanos que contaminam e induzem os eguns a uma vida errante e discordante do regramento divino é que surge a inteligência revolucionária e otimista de Yansã, trazendo essas almas errantes e deformadas ao paraíso da consciência do aprimoramento constante. Do caos escatológico e da subserviência aos ditames da vaidade ao paraíso de uma nova vida no realismo da imortalidade.

É nossa mãe, que nos protege das inseguranças do sistema de posses e encontra sempre um significado para as nossas vidas. Tanto nas pequenas coisas como nas mais gloriosas. Ela sabe os nossos devaneios, sonhos e nossas necessidades. Um filho de Yansã não se rebaixa, porque, antes que isso aconteça, ela o levanta e o puxa para um patamar maior e de maior compreensão. É neste grau de visão que está a verdadeira face dos deuses e dos homens.

YANSÃ, A GUERREIRA INVENCÍVEL

Certa vez esta deusa combateu as chuvas intermitentes e devastadoras com o seu domínio e comando do vendaval e do furacão. As chuvas faziam estragos na Nigéria e destruíam plantações, casas e promoviam enchentes trágicas. Durante sete dias, as chuvas não paravam, varrendo tudo o que houvesse pela frente. A Nigéria e toda a África estavam chegando ao grau mais alto de calamidade. Mas a mãe Yansã tomou a decisão que salvaram o estado e a população da desgraça. Levantou os seus braços, fez um gesto magnânimo e o vendaval e os furacões vieram em seu auxílio combater as malditas chuvas. Um confronto gigantesco de águas e ventos. Uma guerra como nunca havia ocorrido. A chuva guerreando contra o vendaval e o furacão. Antes de completar as primeiras 24 horas, a chuva acabou sendo derrotada e cessada. E, em frações de segundos, o sol voltou a brilhar em toda a África.

YANSÃ RECEBENDO O APOIO DO EXU CRUZEIRO DAS ALMAS

O poder de Yansã durante a guerra de libertação da humanidade foi brilhante e excepcional. Ela combateu os inimigos no campo de batalha, defendendo princípios sagrados de amor, liberdade, direito à prática religiosa e principalmente contra os invasores de território. Ela portava machados, espadas, lanças e arcos e flechas. Em seu auxílio nas batalhas campais estava o Exu Cruzeiro das Almas, com a sua justiça irrefutável. Este deus lutou como nunca ao seu lado com todas as suas legiões de exus Caveira. Foi uma das mais homéricas batalhas vencidas para a construção do planeta. O Exu Cruzeiro das Almas salvou e resgatou a humanidade, coroando a Deusa Yansã e propiciando aos seres humanos viverem, sentirem e desfrutarem da verdadeira liberdade com regras, decência e moralidade.

YANSÃ SALVA O PLANETA

A deusa Yansã acordou o ser humano do seu pesadelo de vaidades e fantasia. A mentalidade de deslumbramento dos seres estava levando-os a serem verdadeiros bonecos de carne, robôs e seres sem coração e alma, prestes a vagarem indistintamente como zumbis pelos elos e becos do tempo, sem reconhecimento, sobrenome, povo e pátria. Iludidos pelo prazer da vida e sem comprometimento com o eterno, literalmente o homem estava sendo dissolvido do seu destino divino. Yansã recuperou e acordou o homem, lhe proporcionando conhecimento, sabedoria e compreensão do seu destino na Terra.

- **Data festiva:** 4 de dezembro
- **Bebidas**: champanhe branco, licor de cereja e água de chuva.
- **Cores**: vermelha, marrom, rosa e amarela.
- **Locais de recebimento de oferendas:** matas e bosques.
- **Sincretismo religioso**: Santa Bárbara.
- **Símbolos**: espada e leque de pena.
- **Saudações**: Eparrei Yansã.
- **Animais preferidos**: búfalo.
- **Dias da semana**: terça-feira.
- **Números prediletos:** 4, 9 e 11.

- **Plantas preferidas:** hortelã de horta, pinhão roxo, bambu, cravo--da-índia, cravo-doce, espada-de-santa-bárbara, dandá da costa e quebra-demanda.
- **Flores**: tulipas, palmas amarelas e vermelhas.
- **Metais**: cobre.
- **Pedras**: quartzo-rosa.
- **Oferendas**: abacaxi, mamão, manga-rosa, uva, pera, maçã vermelha, melão, banana, figo, romã, ameixa e laranja.
- **Guias**: vermelho-escuro, laranja e amarela.